哲学古典授業

ミル『自由論』の歩き方

児玉聡

光文社新書

まえがき

人類の黄金時代は過ぎ去ったのか、それともこれからやってくるのか――これについては議論が尽きないでしょうが、過去において古典と呼ばれるにふさわしい文学や哲学の著作があることは、おそらく誰にも異論がないでしょう。しかし、多くの人にとって、古典の書名は知っていても、実際にそれを手にすることは稀でしょう。それはなぜでしょうか。

古典に手が伸びない理由は、いくつか考えられます。第一に、現代の視点からすると、古くさい文体で書かれているということです。古典にはどうしても、最初のとっつきにくさが伴います。例えば、ビートルズの曲を初めて聞いたとき、私ぐらいの世代でも「古くささ」を感じました。ところが、聞き慣れてくると、不思議なことに最初に感じた古くささはなくなってしまい、今度は古くさく感じたことが不思議にさえ思えてきます。音楽でも本でも、その作品が今の時代から、そして今いる場所から離れれば離れるほど、その傾向が強くなります。当時は最新の音楽や文学であっても、時代や地域が異なる者からすると、ずいぶん異質なものに感じられるということです。

第二の理由として、古典を読むのは時間がかかる割に、その内容の重要さが読むまで明らかにならないということがあります。現代は忙しい時代です。時間の無駄は極力避けるべきであり、自分にとってどのくらい価値があるのかわからない本を時間をかけて読むことは、時間の浪費になりかねない。それゆえ古典を読む優先順位は低くならざるを得ない――このように考える人も多いのではないかと思います。

第三の理由は、やはり、古典は理解するのが難しい、ということがあります。光文社古典新訳文庫のように、かなり平たい言葉で古典を現代の日本語に訳しているものでさえ、やっぱり難しく感じます。それは、表面上の意味はわかっても、時代背景や他の著作や思想家との関係がわからないため、古典が古典たり得る価値を捉え損ねる、ということではないかと思います。一応最後まで読んだけど結局何も記憶に残らなかった、という経験は誰しもあることでしょう。

ここまでに述べた古典に手が伸びない理由は、外国旅行をしない理由といくらか似ています。外国旅行の場合も、やはり多くの人は、ローマなり、イスタンブールなり、バンコクなりの有名な観光地に一度は行ってみたいと思うものです。しかし、異質なものに出会うことへのためらい、多くの時間とお金をかける価値があるのか、また適切に現地のことを理解したり楽しんだりできるのか、といった疑念などから、実際に旅行に出ることには二の足を踏む人も多いでしょう。そして、年を取ってから旅行して、「ああ、もっと早くに行っておくべきだった」と後悔する、ということもありそうな話です。

海外旅行に関しては、『地球の歩き方』のようなガイドブックがあります。これを旅行の前に読むことで、例えばローマの名所や、おいしいレストラン、あるいは電車やバスの乗り方で注意すべき点など、旅行をする際に知っておくべきことがわかります。吉田兼好の『徒然草（第五十二段）』に、仁和寺の法師が年を取ってから初めて石清水八幡宮を参拝しに行ったが、山のふもとにある寺や神社を訪れただけで、山の上にある肝心の八幡宮は見ないで帰ってきてしまった、という話があります。吉田兼好は「先達《せんだつ》はあらまほしきことなり」と締め括っていますが、鎌倉時代に先達が書いた『地球の歩き方』があれば、この法師はおそらくそのような間違いはしなかったでしょう。

本書は、いわば「古典の歩き方」として、ミルの『自由論』を紹介するものです。古典を読むために古典を解説する本を読むのは一見すると回り道のように思われますが、外国旅行にガイドブックが有用なように、古典にも道案内が必要です。読者に古典の翻訳だけを用意して、こうした道案内を用意しないことは、旅行者にパリへの航空券だけを用意して、パリのガイドブックを用意しないようなものだと言えます。もちろん、ガイドブックがなくても楽しめる人もいると思いますが、読んでおくとさらに楽しめるかもしれません。

この本を読んでから『自由論』を読んでいただいてもよいですし、ちょうどガイドブックを片手に旅行を楽しむ人のように、この本を片手に『自由論』を読んでいただいても構いません。あるいは、本書ではミルの文章も多く引用しているので、ガイドブックだけ読んで旅行した気分になるのと同じ具合に、この本だけ読んで『自由論』を読んだつもりになってもらってもよいと思います。

ミルの『自由論』は自由主義（リベラリズム）の古典だと言われます。ミルは本書で、言論の自由や行動の自由などの個人の自由が、本人や社会にとっていかに重要かについて論じています。逆に言えば、政府や社会が個人の自由を抑圧することが、個人や社会にとっていかに大きな損害となりうるか、ということを説得力のある仕方で論じています。

ビジネスパーソンや政治家、政策立案者向けには、『自由論』の内容を次のように紹介することができます。「社会の停滞を防ぐには、社会の革新を生み出すような天才が育つ土壌を保つ必要があり、そのためには他人に危害を加えない限り、人々に最大限の自由を認め、多様な人生の実験ができるようにしなければならない」。

しかし、『自由論』はビジネスパーソンや政治家だけではなく、学校などの集団生活を強いられる場で「普通規範」に縛られて自分の好きなことをできない苦しみを経験している人たちにも、ぜひ読んでもらいたいと思います。本書を読めば、ミルが『自由論』で行っている議論が、現代日本で暮らす私たちにとっても大変重要であることがわかるでしょう。

なお、本書は筆者が所属している京都大学文学部での講義に基づくものです。本文中で京都大学の話や、学生のコメントが紹介されているのはそのためです。ミル『自由論』の訳文は、光文社古典新訳文庫版（斉藤悦則訳、二〇一二年）の頁数を示してあります。同書の訳文については基本的に原文のままですが、筆者の判断で平仮名表記を漢字にしたり、訳語を変更している箇所などがあります。学生のコメントについても、適宜読みやすいように改行したり表記を改めたりしましたが、文意は変えていません。また、引用文中の傍点（、、）は筆者によるもので、同様に筆者による補足は〔　〕で示しています。

哲学古典授業

ミル『自由論』の歩き方

目次

第三講

言論の自由　『自由論』第二章…………71

第四講　天才・変人・そして自由　『自由論』第三章……109

第五講

自由はどこまで許されるか　『自由論』第四章・第五章……175

章扉・目次・コラムデザイン　熊谷智子
図版制作　マーリンクレイン

『自由論』の構成

第一章 はじめに

多数者の専制が個人の自由の脅威となっているという現状認識、個人の自由を守るには**他者危害原則**が重要であるという見通しが示される。

第二章 思想と言論の自由

自由を擁護するための雛形の議論として**言論の自由**が論じられる。主張が**真である場合、偽である場合、半真理**である場合のいずれも、意見を封殺することは社会にとって望ましくないと論じられる。

第三章 幸福の要素としての個性

個性の尊重が個人や社会の幸福にとっていかに重要かを主張する議論が展開される。とりわけ、個人の自由を最大限尊重しないと人間が画一化し、社会の発展が停滞すると論じられる。

第四章 個人に対する社会の権威の限界

本書の主題である**個人の自由の限界はどこで線引きするのか**という問いについて詳しく論じられる。**他者危害原則**を中心に自由主義の原則が示される。

第五章 原理の適用

第四章までミルが論じてきた他者危害原則を中心とする自由主義的な考え方を、結婚や教育や犯罪予防といった個々の問題に適用する。

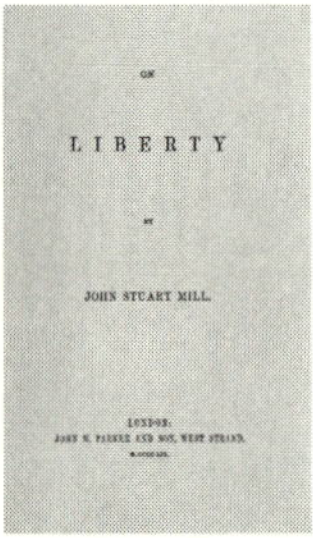

『自由論』初版（1859年）の表紙
写真：Alamy/アフロ

第一講

J・S・ミルの生涯

本を読むミルの写真（1865 年頃）
写真：GRANGER.COM/ アフロ

一、一八五九年に出た重要な本

では、ミルの『自由論』の講義を始めたいと思います。ミルの『自由論』が出版されたのは一八五九年です。この時期のイギリスは、ヴィクトリア女王の治世の下、「世界の工場」と呼ばれて経済的にも文化的にも大いに栄えていた頃です。一八五九年には他にも重要な本がいくつか出されています。さて、さっそくですが、クイズです。次の三冊のうち、一八五九年に出版されていない本はどれでしょうか。

(1)スマイルズ『自助論』
(2)マルクスとエンゲルス『共産党宣言』
(3)ダーウィン『種の起源』

答えは(2)です。一八五九年は、サミュエル・スマイルズの『セルフ・ヘルプ』、つまり『自助論』が出版された年でもあります。「天は自ら助くる者を助く」という言葉で有名なこの本は、市民の自発的活動を重視するという意味で、ミルの『自由論』にも通ずるところがあります。この二冊を比較しながら読むと面白いのですが、『自由論』に比べると『自助論』は今日ではほとんど顧みられなくなっており、もっぱらビジネス書としてしか読まれない本となりました。しかし、当時は世界的にもよく知られた本で、日本でも幕末にイギリスに留学して戻ってきた中村正直《まさなお》が帰国後に『西国立志編《さいごくりっしへん》』（一八七一年）と題して訳書を出版すると、たちまち明治初期の空前のベストセラーになったというのは有名な話です。

さらにその翌年（一八七二年）にも中村正直がミルの『自由論』を翻訳し、『自由之《じゆうの》理《ことわり》』と題して出版します。この本が「板垣死すとも自由は死せず」で有名な明治の自由民権運動に影響を与えたというのは、日本史で皆さんも学ぶところかと思います。

また、同じ一八五九年にはチャールズ・ダーウィンの『種の起源』も出版されています。この本もちょっと遅れて日本でも繰り返し翻訳が出ることになります。自然選択に基づく進化というダーウィンの発想は人々の世界観に大きな影響を与え、今日に至るまで、生物学だけでなくさまざまな分野で議論がなされています。

このように、一八五九年に出た本には重要なものが多いのですが、その十年ほど前にはマルクスとエンゲルスの『共産党宣言』（一八四八年）もドイツ語で出版されています。二〇世紀を形づくるような著作が、各国で相次いで世に出た時期と言えます。[1]

読者の中には、百五十年以上前に書かれた本を今さら読むことに意義を見出せない、と思う人もいるかもしれません。この点について、私の指導教授だった加藤尚武《かとうひさたけ》氏は『現代倫理学入門』（一九九七年）という著作の中で次のように書いています。

「ミルの「豚とソクラテス」の議論で有名な『功利主義』も、多くの論点で〔『自由論』と〕重なり合う相補的な著作だが、不必要な逸脱があり、私はことさらに『自由論』こそ、現代の基軸的な著作であると主張したい。[2]」

加藤の『現代倫理学入門』の中には、「「許容できるエゴイズムの限度を決めること」が、倫理学の課題である」という印象深い一文があります。[3] これは個人の自由の限界を定めるということであり、ミルの『自由論』の問題意識が色濃く表れていると言えます。加藤の言うように、『自由論』は、現代の倫理学にとって、ひいては現代社会にとって、非常に重要な著作だと言えます。

とはいえ、『自由論』の中身をよく知らなければ、いくらその重要性を説いても意味がないかもしれません。読者の皆さんにも本書を参考に『自由論』を読んでいただき、この古典の現代的な重要性を自ら実感してもらえたらと思います。

二、ミルの生涯

『自由論』の内容に入る前に、ミルの伝記的な話をしましょう。とくに妻のハリエット・テイラーとの関係について注目しながら、ミルの人生における『自由論』の位置づけを考えてみたいと思います。

ジョン・スチュアート・ミル（J・S・ミル）は一八〇六年にロンドンに生まれます。父親も哲学者で、ジェームズ・ミルといいます。この父親がミルに英才教育を施した関係で、ミルは学校教育を受けていません。ミルは父親からの教育だけを受けて自身も立派な学者に育つことになります。

ミルが父親から受けた教育については後で詳しく述べますが、イギリスでもこの当時ぐらいまでは、大学に行かずに学者になった人が少なからずいました。ミルと同時代の思想家のハーバート・スペンサーなどもそうです。

さて、父親から英才教育を受けたミルは、父親の友人であり師でもあったジェレミー・ベンタム（ベンサム）の功利主義を十代後半で学んで功利主義思想家となります。功利主義についてはここでは詳しく説明しませんが、「最大多数の最大幸福」というスローガンで知られる、哲学的な立場であると同時に政治改革の思想です。[4] しかしミルは、二十歳の時に「精神の危機」を経験します。これも後で詳しく説明しますが、深刻なうつ状態になったと自伝に書いています。

数年かかって何とか精神の危機を乗り越えた後、二十四歳の頃にハリエット・テイラーという運命の女性と出会います。ミルは生涯を通じて彼女から多大な思想的影響を受けることになります。二人は一八五一年四月に結婚しますが、これはミルが四十四歳の頃で、出会ってから実に二十年もの月日が経っています。すぐに結婚できなかったのは、ハリエット・テイラーには夫がいたからです。

結果的にミルとハリエットは、周囲からは不倫と見られてもおかしくない関係を長期間にわたって続けることになります。ミルは、二人はプラトニックだったと言っていましたが、周りの人は必ずしもそうは考えませんでした。やがてミルは、彼とハリエットとの関係を不適切だと考えた友人や家族らと疎遠となり、孤立していきます。しかし、ミルによれば、ハリエットとの知的交流のおかげで、非常にたくさんの優れた著作が次々と生まれたのです。

ミルは三十代前半までは主に雑誌で論文を発表していました。しかし、一八四三年の『論理学体系』という著作を皮切りに、『経済学原理』『自由論』『代議政治論（代議制統治論）』『功利主義論』などの重要な著作を次々と発表します。また彼は、若い頃から父親と同じく東インド会社に勤めていましたが、一八六五年から六八年にはイギリスの下院議員に選出されて短期間ですが政治家としても活躍します。その後、一八七三年に南仏のアヴィニョンで客死します。六十六歳でした。

ミルは二〇世紀を代表する哲学者の一人、バートランド・ラッセルの名付け親になったことでも知られていますが、一九世紀イギリスを代表する哲学者の一人と言えるでしょう。

三、ミルが受けた英才教育

ミルが受けた英才教育についてもう少し詳しく説明します。ミルの自伝によると、彼は三歳から父親にギリシア語を教わり始めました。ギリシア語の単語が書かれたカードを渡されて、単語を覚えるところから始まったと書いています。七歳からはプラトンの前期著作六編を、父親と一緒にギリシア語で読み始めます。これは『ソクラテスの弁明』とか『クリトン』などのことでしょう。この頃から算数や歴史も学び始め、八歳からはラテン語を勉強し始めます。

　そして、十二歳からは論理学を学びます。この頃には父親の前でプラトンの『ゴルギアス』『プロタゴラス』『国家』などの対話篇をギリシア語で朗読し、父親が質問をして、ミルがそれに答えるという勉強をします。ミルは、プラトンやアリストテレスなど、古代の哲学を非常に高く評価していて、とりわけ対話篇という形式は一人で考える場合に陥りがちな過ちや混乱を取り除くのに有用だと言っています。これは『ゴルギアス』などをじっくり読んだことのある人には実感できるのではないかと思います。

　さらに十三歳からは父親の友人である経済学者のリカードに手ほどきを受け、アダム・スミスなどの政治経済学を勉強します。そして、父親による教育を十四歳で「卒業」します。このような英才教育をイギリスで受けたミルですが、オックスフォードやケンブリッジなどの大学には行きませんでした。

　それから、十五歳の時にジェレミー・ベンタムの著作を読んで、功利主義者になります。ミルは、「自分の幸福は最大多数の最大幸福によって達成されると思うようになった」と述べており、父親のジェームズ・ミルも功利主義者ですけれども、父親や友人とともに功利主義者として研究および政治活動をするようになります。ちなみに、ミルは父親と同様、東インド会社に就職したため、大学には籍を置かずに研究を続けました。今日で言うところの、インディペンデント・スカラー（在野研究者）の立場で活躍します。

四、二十歳の頃の「精神の危機」

さて、十代の終わりまではミルの人生は順調に進んでいたように見えたのですが、おそらく過労のせいもあり、二十歳の秋にいわゆる「精神の危機」を迎えます。今も昔も二十歳頃は多感な時期かと思いますが、若きミルもいったい人生これでいいんだろうかと悩んだのです。彼は次のような思考実験を思いつきます。

「かりにおまえの生涯の目的が全部実現されたと考えてみよ。おまえの待望する制度や思想の変革が全部、今この瞬間に完全に成就できたと考えみよ。これはおまえにとって果して大きな喜びであり幸福であろうか？[5]」。

つまり、最大多数の最大幸福を標榜する功利主義者として生きて、功利主義が理想とする社会が実現されたなら、自分は本当に幸せになれるのだろうかと、自らに問います。皆さんだったらどう答えますか。ミルはこの問いに対して「否《いな》」と答えて、目の前が真っ暗になった……ということを自伝の中で書いています。

人生の目的に魅力がなくなったら人生そのものにも関心がなくなったというわけで、自分は何のために生きていけばいいのかという悩みを抱えながら、ミルは生きることになります。目の前の仕事は何とかこなしていたけれど、非常に沈鬱な状態で日々を過ごしたと、のちに回想しています。

父親の教育方針で、小さい頃から他の子どもたちとは遊ばず、詩を読むこともなく、情操面での教育がなされていませんでした。ミルは自伝の中で、父親の教育が非常に一面的だったと書いています。そして彼は、二十二歳の時に初めて読んだワーズワースの詩に強い感動を覚えたと述べています。今日で言えば、この年齢になって初めてポール・マッカートニーのバラードを聴いて感動するようなものでしょうか。最近の若者はポール・マッカートニーなんか聴かないと編集者に突っ込まれましたが、騙されたと思ってビートルズの「フォー・ノー・ワン」とかウイングスの「ウォーム・アンド・ビューティフル」を百回ほど聴いていただければと思います。それはともかく、ミルはその年になって詩歌に触れることで、自分の中で「感情の陶冶《とうや》」がなされてこなかったということに気付き、その後、感情の陶冶の重要性を強調するようになります。

考えてみれば、ベンタムとかジェームズ・ミルは典型的な啓蒙主義者で、合理主義の権化みたいなところがありました。それを純化した形で受け継いだミルは、ドイツのゲーテやイギリスのシェリーなど、ロマン主義的な芸術や思想も受け入れることで、精神のバランスを保つことができたというか、人間性を回復することができたと語っています。

五、情操教育の重要性

ミルは自伝以外でも同じような話をしています。ミルには『大学教育について』という面白い著作があります。ミルはだいぶ年を取ってから、セント・アンドルーズ大学というスコットランドの大学で名誉学長になります。そこで大変立派な就任演説をするのですが、それが一八六七年に『大学教育について』という本になっています。[6]

その中で、大学では一般教養教育をしっかり学ぶべきであり、教養教育で教えるべき内容は三つあると言います。一つは知育・知識に関する教育であり、もう一つは徳育・道徳に関する教育です。ミルはこの文脈で、ギリシア・ローマの古典の教育や数学、論理学、自然科学、経済学等々の基礎的教育がこれから社会に出る全員にとって重要だと言います。

最後の一つはあまり言われないことだけれども、とミルは前置きして、情操教育として文学や芸術を学ぶことの重要性を説きます。ミルはとりわけ詩を教養教育の間に勉強することが重要だと言います。少しだけ印象的な箇所を引用しておきましょう。

「この巨大な宇宙や人類全体を前にするとき、また過去の歴史と無限の未来を前にするとき、自己というものがいかに情け無いほど微小な存在であるか、もしも人生というものが自分自身と自分の一族の暮し向きを良くし、そして社会の階梯《かいてい》をせいぜい一段か二段高く登るためにそのことごとくが費やされてしまうとしたならば、人生とは何とつまらぬ無意味なものになるか、ということを感じるようになります。このように感じるようになり、しかも、高貴な目的をなしうる能力があると自分自身に感じられるようになって初めて、われわれは自尊心をもちうるようになります。（……）

このような高邁な精神を人に吹き込む一大源泉となるものは、詩であり、詩的、芸術的文学と呼ばれるものです。われわれはプラトンやデモステネスやタキトゥスから高邁な感情を吸収することができますが、それは、これらの偉大な人物たちが哲学者、雄弁家、歴史家であるだけではなく、また同時に詩人であり芸術家であるからであります。[7]」

ミルは詩や他の形式の芸術の効用はこれに尽きるものではないと考えていますが、いずれにしろ、芸術に対する感受性を保つことが日々の生活や仕事の支えになるということを強調しています。その背景には、先に述べたように、ミル自身が受けた英才教育に対する反省というのもあるのだろうと思います。

六、『自由論』の序文

さて、『自由論』第一章の手前にある序文には、「いまは亡き女性の、いとおしく懐かしい思い出のために本書を捧げる」と記されています。この女性は、先ほど言及したハリエット・テイラーのことです。二人の関係は『自由論』を理解する上で重要だと思われますので、二人の恋愛についてもう少し詳しくお話しします。

先述したように、ミルは二十四歳の頃にハリエット・テイラーと知りあい、彼女から多大なる思想的影響を受けます。『自由論』も彼女の大きな影響の下で書かれたとミルは述べています。そのことを最も強く感じられるのが、ハリエットに言及している序文です。これはよく知られた文章なので、少し長くなりますがここに引用します。

「いまは亡き女性の、いとおしく懐かしい思い出のために本書を捧げる。私が書いてきた多数の論文の、最良の部分はすべて彼女のおかげであり、彼女はそれらの論文の共著者だともいえる。彼女は私の友人であり、妻であった。真理と正義にたいする彼女のすばらしいセンスは私にとって最高の刺激となり、彼女からの賞賛は私にとって最高のご褒美《ほうび》となった。

長年にわたって私が執筆してきた著作はどれもそうだが、本書もやはり彼女との合作である。彼女に手直ししてもらうのは、この上なくありがたいことであった。しかし今回は、それをごく不十分にしか、してもらえなかった。本書の重要な部分はとくに入念に手直ししてもらおうと思っていたのだけれども、いまやそれは永遠にかなえられない。

地下に眠る妻の、偉大な思想と高貴な感情を、せめて半分だけでも世の中に伝えることができれば、と思えてならない。それができれば、比類のない英知をそなえた彼女の激励も支援もないままに私が書くどんな書物より、はるかに世の中の役に立つはずだからである。」（9頁）

背景を何も知らずに読むと、読み飛ばしてしまうぐらいの序文ですが、ハリエット・テイラーは一八五八年に亡くなっています。『自由論』は翌年の五九年に出版されるわけですから、ミルがこの文章を最愛の妻が死んでまもなく書いたことになります。そのことを知って改めて読んでみると、それだけでも胸を打つものがあります。この序文の背景をもう少し詳しく説明したいと思います。

七、ミルと妻ハリエット

以下は『世界の名著　ベンサム／J・S・ミル』の監修をした関嘉彦という方の文章になりますが、適宜説明を入れながら読んでみたいと思います。

「一八三〇年夏、ミルは、ロンドンの実業家ジョン・テイラーに招待された。（……）そのとき紹介されたテイラー夫人とミルは、まもなく恋愛関係に陥り、それがその後のミルの思想にも大きな影響を与えることとなった。

ハリエット・テイラーは、ミルよりも一年おくれて一八〇七年（……）に生まれ、一八二六年、薬種商〔薬問屋〕として産をなしていたジョン・テイラーと結婚した。ジョン・テイラーは、ユニテリアン教会の熱心な信者であるとともに、大陸からの政治的亡命者への避難所を提供したりした自由思想家であり、ふつうの意味では申し分のない男性であった。しかし、学問や絵画や詩や音楽にはほとんど理解がなく、反対にハリエットのほうはその方面に優秀な才能を持つ才媛《さいえん》だった。そのような満たされない心の隙間《すきま》があるときに紹介されたのが、同じように精神的動揺期にあり、かつ女性についてはほとんど赤ん坊にひとしいミルである。二人は互いに相手に自分の渇望する異性のモデルを見いだし、深い恋愛に陥った。[8]」

「女性についてはほとんど赤ん坊にひとしい」という関先生の書き方、面白いですね。ちなみにミルはこの直前に別の女性に求婚して振られています。また、ミルの友人だったカーライルは、ハリエットより十一歳年上だった夫のテイラーのことを「罪のない退屈な善人」と形容していました。[9]

「当時、離婚は必ずしも容易ではなかった。いわんや離婚しての再婚はなお困難であった。特にテイラー夫妻の間に生まれた二人の赤ん坊のことも考えなければならなかった。しかもハリエットはテイラーを依然尊敬し、ミルに対するのとは違った意味で愛していた。彼女はテイラーに事情を告白して、何度かミルを断念しようとしたが不可能であった。テイラーは妻に断念を説得したが、しかし強制的に引き裂こうとはしなかった。のちにはあきらめてミルが訪問してくる時は、家をあけてクラブで時をすごしたりした。ミルは、父や友人の非難を受け、これも何度かハリエットに会うのをやめようとしたが、思い切れなかった。[10]」

このあたりの経緯は他の伝記を見るともっと詳しいストーリーもありますけども、今回は省略します。なお、テイラー夫妻の子どもは実際には三人いたようです。[11]

「本来ならば、醜聞にまでなりかねないこの事件が、著しく非難されるような醜聞にならなかったのは、関係者三人の理性的な抑制による。ミルが一八三六年に健康を害してパリに静養に行ったとき、ハリエットも夫の許可を得て、二人の子供とともにパリに行き、ミルの看護をしている。その後、二人でスイスに旅行した。それからも数回、二人はフランスやイタリアに旅行に出かけた。しかし、二人の関係はあくまで精神的なものに留まったという。そしてこの不規則な関係は、一八四九年、テイラーが癌《がん》で死ぬまで続いた。[12]」

二人の関係はプラトニック・ラブだったということですが、別の伝記によれば、ハリエットは夫とミルの双方に誠実であるために、いずれとも性交渉をしなかったそうです。[13] それはそれで問題がある気もしますが、いずれにせよ、ハリエットの夫が亡くなった二年後の五一年に、ついに二人は結婚するわけです。夫の死後、二年の間をあけて結婚したわけですが、それでも方々から非難があったそうです。

関先生のこれ以降の記述は省略しますけども、ミルはハリエットとの関係が原因で仲の良かった友人と疎遠となり、また、「ミルの家族、母や妹との関係も疎遠になった。母が一八五四年、死ぬ前の病床にあったときも、ミルは妹の懇請《こんせい》をけって見舞いに行かなかったが、それはミルの家族がハリエットに好意を持たなかったのをミルが怒ったからである」とあるように、家族との関係も大変険悪になります。[14] ハリエットはミルの実家に出入り禁止でした。

「不倫が社会的に許されるのか」というのはミルの『自由論』のテーマとも関係する面白い問題です。ミル自身も、同意している二人のカップルが何をやろうと各人の私的な自由だろうということを友人への手紙の中で書いています。[15] ただ、不倫のような場合はみなが本当に同意しているかとか、結婚に関する社会規範に反する行為をした人に対して他の人々がどう対応すべきかといった問題があると思います。こういうことも考えながら、『自由論』を読んでもらえたらと思います。

八、ハリエットの影響

だいぶ話が長くなりましたが、もう少しだけ『自由論』にハリエットが深く関わっているという話を続けます。次の引用はミルの自伝からで、二人が前夫の死後に結婚した話です。

「上に述べてきた時期から現在までの間に、私一個の生活にとっては最も重要ないくつかの出来事が起こった。その第一は一八五一年四月の私の結婚である。相手の女性はまことに比類のない値打ちを持った人で、彼女との友人関係は、おたがいにこれよりも近い関係になろうとは二人ともついぞ予想しなかった何年間かにわたって、私にとって幸福と成長との最大の源となっていた。私は生涯のどの時期であろうとも、それが実行可能でさえあったなら、このように二人の生活を完全に一つにすることを熱烈に希望したではあろうが、私も妻も、私は心から尊敬し妻は最も強い愛情をささげていた一人の人の時ならぬ死によってこの特権にありつくくらいなら、むしろその特権を永久に放棄するほうをはるかに強く望んだであろう。しかしながらその不幸な出来事が一八四九年の七月に起こって、私はそのわざわいを転じて私自身の最大の福とし、すでに長く存在していた思考、感情、執筆上の協力関係に、全生活の協力関係という追加をゆるされることになった。[16]」

もって回った言い方でわかりにくいですが、要するにハリエット・テイラーの夫が病死したおかげで二人はようやく結婚できて幸せになった、ということを書いています。このように、二人が出会ってから二十年もの月日が経ってようやく結婚できたわけですが、残念ながらその幸せな夫婦生活は長く続きません。

「以後七年半にわたってその至福は私のものであった。わずか七年半！　その損失がいかばかりであったか、また今もあるか、私はそれをほんのわずかにでも伝えるべき言葉を知らない。けれども私は、それが彼女の望みであったろうと知るがゆえに、私に残された余生を最高限に活用し、なえた余力ながら、彼女を思い追憶の彼女とまじわることでそれを補いつつ、彼女の遺志のために働きつづけたいと思う。[17]」

おそらくこのあたり、ミルは原稿を涙に濡らしながら書いていたのではないかと思います。もうちょっと話を続けます。次もミルの自伝からで、少し話を遡って、ミルがハリエットと一緒に『自由論』を執筆していたという話です。

「私が事務所勤め〔東インド会社のこと〕をやめる直前の二年間、妻と私は『自由論』のために協力しつつあった。私ははじめこれを一八五四年に短いエッセイとして計画しかつ執筆した。書き改めて一巻の書物にしようという考えがはじめて起こったのは、一八五五年の一月、ローマの議事堂《キャピトル》の石段をのぼりつつあった時である。私の著作中、この作ほど念入りに文章を練ったものも綿密に訂正を加えたものもほかにはない。[18]」

実際のところ、『自由論』はすごく読みやすくて良い本だと思います。ミルの『功利主義論』は構成が今ひとつだなと思うのに対して、『自由論』はちょっと長いですけれども、文章がよく練られている著作だと思います。

「例によって二度稿を新たにしたあと、われわれはこれを手もとにおき、時々とり出しては、一つ一つの文章を読み、考え、批評して、新しく手を入れた。[19]」

ここを読むと、ミルは全文を一度書き直してからさらに推敲する習慣があったことがわかります。そして、プラトンの対話篇のように、ミルがハリエットとの対話を楽しみながらゆっくり推敲をしていた様子が窺えます。しかし、その途中で悲劇が二人を襲います。

「その最後の改訂は、私の退職後最初の冬、一八五八年から九年にかけての冬に予定され、われわれはその冬を南ヨーロッパで過ごす手筈にしていた。その望みは、他のすべての望みとともに、全然予想しなかった妻の死という痛恨事によってくじかれた——ふたりでモンペリエにむかう途中、アヴィニョンでの出来事で、肺充血に突然襲われたためであった。[20]」

ミルとハリエットは二人とも肺結核だったとのことで、どちらも身体は弱かったんですけれども、妻の方が突然先に亡くなってしまいます。ミルは続けてこう書いています。

「その時以来私は、一番彼女をなお身近に感じ得るような生活方法をとって、私の事情がゆるすかぎりの心の慰めを求めつづけている。私は、彼女を埋葬した地点のできるだけ近くに小さな家を一軒買い、そこに妻の娘（私の苦しみのわかち手、今では私の一番の慰め手である）と私は一年の大部分を常時住んでいる。私が人生で目的とするところは、妻が目的としたもののみであり、私の研究も仕事も、妻が協力した、あるいは賛成した、妻と切っても切れぬ縁のあるものばかりである。妻の思い出は私にとって一つの宗教であり、妻が是認してくれるということのみを規準にして、そうすれば価値あることばかりを拾い上げるだろうから、私の生活を規制してゆきたいと努めている。[21]」

このあたりの文章も、多分ハンカチで目頭を押さえながら書いていたことでしょう。このように、ミルは亡き妻に対して崇拝とも言える言葉を述べています。「妻の思い出は私にとって一つの宗教」とまで書いたミルは相当極端で、ハリエットが亡くなると彼女の墓が見える家を買い、二人がアヴィニョンで滞在するときに使っていたホテルの部屋の家具を買い取って、それを使って生活するようになります。ミルはその後も活発に著作活動に勤しむほか、イギリスの下院議員としても活躍しますが、最終的には南仏のアヴィニョンで亡くなってハリエットと同じ墓に入ることになります。

長々とミルとハリエット・テイラーの関係について解説してきましたが、あの序文の背景にはこのような事情がありました。今の話を思い出しながら、「いまは亡き女性の、いとおしく懐かしい思い出のために本書を捧げる」から始まる『自由論』の序文を、今一度読んでみてもらえたらと思います。

コラム①　ミルの墓

南仏のアヴィニョンと言えば、世界史では「教皇のアヴィニョン捕囚」（一四世紀にフランス国王がカトリックの教皇庁をローマからアヴィニョンに移し、教皇をフランスの支配下に置いた時期のこと）で知られる都市です。一八五八年の冬、結核を患っていたミルと妻のハリエットは、転地療養のために南仏のニースに向かっていました。しかしその途上で、ハリエットは体調を崩してアヴィニョンのホテルで病死します。ハリエットはサン・ヴェランという墓地に葬られました。本文でも述べたように、ミルは墓の見える場所に家を買い、以後はハリエットの娘（前夫との子）のヘレン・テイラーと一緒に、ロンドンとアヴィニョンに交互に住む生活を送り、一八七三年にアヴィニョンで亡くなります。辞世の言葉は「私の仕事は終わった（My work is done.）」でした。

私も二〇〇六年にミルやベンタムの研究者の友人たちと三人でこの墓を訪れました。日本語で比翼塚《ひよくづか》（めおと塚）という言葉があるように、ミルは元々ハリエットの墓だったところに仲良く一緒に埋葬されています。そのため、墓の上面に書かれた碑文はミルがハリエットに捧げた文章が英語で書かれていますが、墓の手前にあるプレートには、「女性の擁護者であるジョン・スチュアート・ミルを称える」とフランス語で書かれています。これは、『女性の隷従《れいじゅう》』（一八六九年）という著作もあるミルのフェミニストとしての側面が、フランスでは評価されているということだと思われます。

イギリスの哲学者であるミルの墓が南仏のアヴィニョンにあるのは不思議な感じもしますが、その経緯は本文に記した通りです。もしアヴィニョンに立ち寄る機会があれば、ぜひ訪れてみてください。

アヴィニョンにある
ハリエットとミルの墓
撮影 / 板井広明

第二講

多数者の専制と個人の自由

『自由論』第一章

評伝の表紙に掲載された
ハリエットの肖像画
Jo Ellen Jacobs, *The Complete Works of Harriet Taylor Mill*（1998年）

一、『自由論』のテーマ

それではようやく、『自由論』の内容に入ります。第一章は「はじめに」（序論）と題されている通り、本書のイントロダクションになっています。ミルはこの章の冒頭を、次の一文から始めています。

「本書のテーマは、いわゆる意志の自由ではない。本書で論じるのは、（……）市民的な自由、社会的な自由についてである。逆にいえば、個人に対して社会が正当に行使できる権力の性質、およびその限界を論じたい。」（12頁。原文ではここまでで一文）

意志の自由の問題というのは哲学では有名な問題の一つです。私が「お茶を飲むためにお湯をわかそう」とか「明日のデートで彼女にプロポーズしよう」と意志する場合、誰かに強制でもされていない限りは、自分で自由に意志したように感じられます。一方で、世界で起こる出来事が原因と結果の連鎖によって決定されているということも、一見するともっともらしく思われます。すると、もし私の心の中でどのような思考が生じるかも直前までの出来事によって決定されているなら、実は自分で感じているような自由な意志は存在しないのではないか。これが意志の自由の問題です。

ミルが本書で論じるのはこういう世界のあり方に関する形而上学的な話ではなくて、「市民的ないし社会的な自由」、あるいは「個人に対して社会が正当に行使できる権力の性質と限界」を明らかにすることです。つまり、個人の行動や言論の自由の限界を定めようとしている、ということです。『自由論』という本書のタイトルからは、意志の自由の話と、市民的自由の話の二つがありうるため、ミルは冒頭でこの点を明確にしていると言えます。

その後、ミルはしばらく自由と権力に関する歴史的な話をしています。簡単に言えばこういう話です。

かつては言論の自由とか行動の自由というテーマに関して問題になっていたのは、国王のような支配者による専制から自由をいかに守るかでした。以前は「政治的権利」とか「特権」という言葉で国王の専制からの自由が語られていました。

例えばイギリスだと有名なマグナ・カルタがあります。これも国王と貴族の間での取り決めで、国王に対して立憲的な制約を確立することで自由を確保しようとするものです。例えば新たに税金を課す時にはちゃんと議会を通さないといけないというように、王の権力を憲法で制約するということです。

しかし、ミルの時代にはすでにフランス革命やアメリカ独立戦争が過去の歴史となっていました。イギリスも選挙法の改正により選挙権を持つ者が増え、民主化が進展していた時代です。そうした民主制の下では、政治は多数者である民意によって決まるから、政治権力からの保護はもう必要ないでしょうか。言い換えると、専制から自由を守るというような発想は民主主義においては必要ないと言えるか、ということです。

二、多数者の専制

民主主義社会においては政治権力から個人の自由を保護する必要はないと言えるかという問いに対して、ミルは民主主義社会でも個人の自由を守る必要があると主張します。少し長いですがミルの言葉を引用します。

「人間の場合もそうだが、政治や哲学の理論の場合も、人気がないときは目立たなかった間違いや欠陥でも、勢力が増すと表面化する。

人民に対する人民自身の権力を制限する必要はない、という考え方は、民主的な政府が単なる夢だった時代や、はるか昔に存在したと書物で学ぶだけだった時代には、いかにも自明のものに思われただろう。また、フランス革命のような権力の暴走が目撃された時でさえ、この考え方は必ずしも揺るがなかった。なぜなら、フランス革命の最悪の部分は権力を横取りした少数者の所業であり、あの革命はいずれにせよ民主的な制度の通常の機能に属するものではなく、君主制及び貴族制による圧政に対する突発的な暴動と言うべきものだからである。

しかし、今やひとつの民主的な共和国［アメリカ］が地球の表面の大きな部分を占めるようになり、そして国際社会で列強に並んだと自覚するようになった。選挙で選ばれて国民に責任を負う政府ができ、こうした政府が立派な具体的事実として観察され、批判されるようになったのである。

すると、「自治」とか「人民に対する人民の権力」といった言葉は、物事の実相を表すものではないことがわかった。権力を行使する「人民」は、権力を行使される「人民」と、必ずしも同一ではない。また、いわゆる「自治」とは、自分が自分を統治することではなく、自分が自分以外の全体によって統治されることなのだ。

さらにまた、人民の意志というのは、実際には人民の最も多数の部分の意志、あるいは、最もアクティブな部分の意志を意味する。多数派とは、自分たちを多数派として認めさせることに成功した人々である。それゆえに、人民は人民の一部分を抑圧したいと欲するかもしれないので、それに対する警戒が、他のあらゆる権力乱用への警戒と同様に、やはり必要なのである。したがって、権力の保持者が定期的に社会に、すなわち社会内の最強のグループに説明責任を果たすようになっても、個人に対する政府の権力を制限することは、その重要性を少しも失わない。

こうしたものの見方は、思想家たちの知性にも、また現実であれ思い込みであれ民主主義と利害が対立するヨーロッパ社会の主要な階級の気持ちにも、ひとしく訴えるものがあったので、すぐさま常識と化した。今では政治について考えるとき、「多数派の専制」は一般に社会が警戒すべき害悪のひとつとされている。」（17〜19頁）

要約するとこういうことです。民主主義は、多数者である人民が人民のために人民を統治するのだから、権力の乱用が起こらないかというとそうではない。たしかに国王のような少数者の専制は生じないかもしれないが、今度は多数者の専制という問題が出てくるのだ、と。つまり、個人の自由に対する脅威は少数者の専制から多数者の専制に移るということです。

少数者の専制と多数者の専制

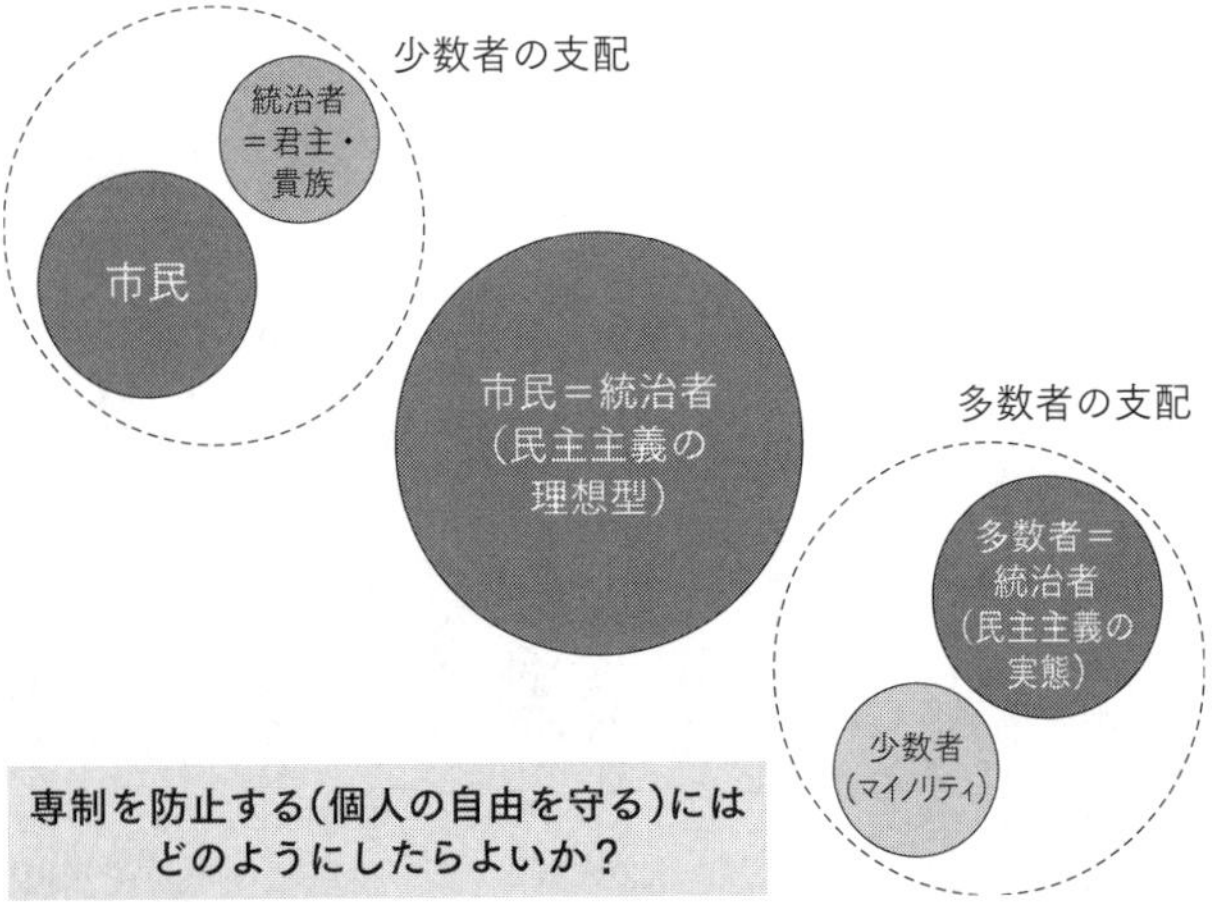

出典：筆者作成

「多数者（多数派）の専制」は英語で言えば the tyranny of the majority ですが、これはミルが尊敬していたアレクシ・ド・トクヴィル（一八〇五～一八五九）というフランスの政治思想家が一八三五年に出版した『アメリカのデモクラシー』の中で用いた言葉です。ミルはこの本を書評してイギリスの読者に紹介したりもしています。トクヴィルはアメリカの民主社会における市民の平等がどのような影響を社会にもたらすのかという問題を論じるわけですが、ミルも同じことを論じるようになります。

　上の図は私が簡単に書いたものです。少数者の支配というのは、市民と統治者が左上の丸のように分かれていて、王や貴族のような少数の統治者によって市民の自由が抑圧されるということです。次に真ん中の丸ですが、理念的には民主主義というのは市民イコール統治者なので、個人の自由の抑圧というのは存在しないとされます。ですが、ミルに言わせると、民主主義においては右下の丸のように、実質的には多数者による支配が行われるのであって、一部の少数者が抑圧されるという構造があるのです。そこで、現代でもやはりある種の専制から個人の自由を守る必要があり、そのためにはどうしたらよいかが問題になると言うのです。

三、政治的な専制と世論の専制

また、この多数者の専制については、立法や行政などを通じた政治的抑圧だけではなく、市民あるいは世論による社会的抑圧というものも存在するという点も重要です。英語のパブリック・オピニオンという言葉は一八世紀末のフランス革命の頃からよく使われるようになったようですが、世論による専制は今日でも問題になります。ミルに言わせると、実際に怖いのはこの社会的な抑圧の方です。彼は次のように述べています。

「多数派の専制は、その他の専制と同様、最初は主に国家権力の行為としてイメージされ、恐れられた。普通の人は今でもそう考えている。しかし、深く考える人は違った見方をする。社会それ自体が専制的になっているとき――すなわち、集団としての社会が個々の人間を抑圧するとき――その抑圧の手段は、政府の役人が行う活動のみに限られるものではない、というのである。

社会は、社会自身が下した命令を自ら執行できるし、実際執行している。そこで、もしもそれが正しい命令でなく、間違っていたり、あるいは社会が干渉すべきでない物事についての命令であったりすれば、社会による抑圧はたいていの政治的な圧迫よりもはるかに恐ろしいものになる。というのも、通常、それは政治的な圧迫のように極端な刑罰をちらつかせたりしないが、日常生活の細部により深く浸透し、人間の魂そのものを奴隷化して、そこから逃れる手立てをほとんどなくしてしまうからである。

したがって、役人の専制から身を守るだけでは十分ではない。多数派の思想や感情による抑圧に対しても防御が必要だ。すなわち、多数派が、法律上の刑罰によらなくても、考え方や生き方が異なる人々に、自分たちの考え方や生き方を行動の規範として押し付けるような社会の傾向に対して防御が必要である。社会の慣習と調和しない個性の発展を阻害し、できればそういう個性の形成そのものを妨げようとする傾向、あらゆる人々の性格をむりやり社会の模範的な型どおりにしたがる傾向、これに対する防御が必要である。

集団の意見が個人の独立にある程度干渉できるとしても、そこには限界がある。この限界を見つけ、この限界を侵犯から守ることが、より良い人間生活にとっては政治的な専制に対する防御と同じくらい重要不可欠なのである。」(19〜20頁)

繰り返しになりますが、政治的な専制だけではなく社会的な専制、すなわち世論による専制にも警戒すべきだ、とミルは力説しています。『自由論』は政府による圧政に対して個人の自由を主張する本だという風に紹介されることもありますが、それだけではありません。現代の民主主義的な社会でも問題になる、「世論による少数者の抑圧」という問題も重視している点が、『自由論』が現代においても重要な理由の一つだと言えます。

この点はニーチェのいわゆる畜群道徳批判とも大きく重なってきます。凡庸な多数派が個性ある少数派の人々を抑圧するせいで優れた人々が登場しにくくなっている、という問題意識がミルとニーチェの両方に強くあるということです。これについては『自由論』の第三章の話をするときに詳しく見たいと思います。

四、他者危害原則

このような問題意識を背景に、ミルは、多数者の専制を防ぐにはいったいどういう原則が必要なのだろうか、と問うています。そこで出てくるのが有名な「他者危害原則」です。ここが『自由論』で一番よく引用されるところなので、本文を見ておきましょう。

「本書の目的は、極めてシンプルな原理を明示することにある。社会が個人に干渉する場合、その手段が法律による刑罰という物理的な力であれ、世論という心理的な圧迫であれ、とにかく強制と統制の形で関わるときに、その関わり方の当否を絶対的に左右するひとつの原理があることを示したい。

その原理とは、人間が個人としてであれ集団としてであれ、他の人間の行動の自由に干渉するのが正当化されるのは、自衛のためである場合に限られるということである。文明社会では、相手の意に反する力の行使が正当化されるのは、他の人々に危害が及ぶのを防ぐためである場合に限られる。

物質的にであれ精神的にであれ、相手にとって良いことだからというのは、干渉を正当化する十分な理由にはならない。相手のためになるからとか、相手をもっと幸せにするからとか、他の人の意見では賢明な、あるいは正しいやり方だからという理由で、相手に物事を強制したり、我慢させたりするのは決して正当なものではない。これらの理由は、人に忠告とか、説得とか催促とか懇願をするときには、立派な理由となるが、人に何かを強制したり、人が逆らえば何らかの罰を加えたりする理由にはならない。

そうした干渉を正当化するには、相手の行為をやめさせなければ、他の人に危害が及ぶとの予測が必要である。個人の行為において、他の人に関わる部分についてだけは社会に従わなければならない。しかし、本人のみに関わる部分については、当然ながら、本人の自主性が絶対的である。自分自身に対して、すなわち自分の身体と自分の精神に対しては、個人が最高の主権者なのである。」（29〜30頁）

重要なところなのでついつい傍点をたくさん振ってしまいました。「危害」というのは英語ではハーム（harm）なので、ハーム・プリンシプルと言われています。ミル自身は「自由の原理」という表現を用いており、ハーム・プリンシプルという表現は使っていませんが、今日ではよく「他者危害原則」あるいは単に「危害原則」と呼ばれます。このように、他人に危害を加えない限り人は自由に行為できるということが、この引用の前半で言われています。

そして後半では、その裏返しだと思いますが、本人の幸福に役立つからといって強制的に介入することは許されない、本人は自分自身に対しては主権者なのだということが、非常に力強い言葉で述べられています。このように、本人の利益になるからという理由で、行為を強制したり禁止したりすることは、「パターナリズム（paternalism）」と呼ばれます。*pater* はラテン語で父親なので、父権主義というようにも訳されます。ただし、ミルはこの語も自分では用いていません。

さらに、強制とは異なり、道理を説いたり説得しようとしたりする行為は問題ないということも述べています。ヘルメットを被らずに自転車に乗ったりするとあなたのためにならないですよと助言するのは良いけれど、それを強制することはできない、というわけです。現在の日本では自動車のシートベルト着用が道路交通法で義務化されていますが、これなどはパターナリズムの典型例です。

この後の本文はここに引用しませんが、この原則には例外があり、とくに子どもはその例外に当てはまると言います（31頁）。未成年の皆さんにはがっかりさせて申し訳ないですが、子どものようにまだ理性が発達していない人を自由にしておくと、自分自身に対して危害を与える行為をする恐れがあるから介入してよい、ということが述べられています。

ミルは同じところで、「まだ文明状態にない未開の人々（野蛮人）」についても、十分に自分の利益を考えて行動できるようになるまでは自由を認めず、専制政治を行ってよいと述べています（31頁）。これはある意味で大英帝国の植民地支配を正当化する主張であり、これが時代の制約として批判されることもあります。

ところで、『自由論』の中で、ミルは子どもは例外ですよと言って、子どもの話を詳しくしないのですが、自由に関して子どもの教育をどうするかというのは教育者や親御さんにとっては大問題かと思います。

当然、子どももいつか自由を行使できる存在にならないといけないわけですが、どういう段階を踏んで子どもの自由を認めていくべきかというのは、道徳教育にとっては非常に重要な問題ですし、お子さんのいる人はみな毎日、頭と心を痛めているのではないでしょうか。

子どもだからといって十八歳になるまで一切自由を認めないというのは難しいでしょうし、いわば自由に慣れるような教育も必要です。しかし、子どもは幼いときほど自分の長期的な利益を考えて行動せず、自由にしておくとロクなことをしないので、難しいのはその匙加減をどうするかだと思います。残念ながら、ミルはこの点には触れていません。

五、個人の自由が大事な理由

さて、ミルはこのように個人の自由を大変重視するわけですが、そもそもなぜ個人の自由は大事なのでしょうか。ここでクイズです。ミルの考えは次のどれだと思いますか。

(1)個人の自由は、それ自体にかけがえのない価値があるから。
(2)個人の自由は、社会全体の幸福を高めるために重要だから。
(3)個人の自由は、各人が生まれついて持つ自然の権利だから。

ミルが最大多数の最大幸福をスローガンとする功利主義者であることを知っている人は、答えが(2)だと予想できたのではないかと思います。

ミル曰く、「私の見るところ、効用こそがあらゆる倫理的な問題の最終的な基準なのである。ただし、それは成長し続ける存在である人間の恒久の利益に基づいた、最も広い意味での効用でなければならない」（32頁）。ミルの言う効用（utility）は、幸福を生み出す性質のことで、幸福は快楽と、苦痛の欠如からなると彼は考えていました。

ただ、ここで重要なのは、幸福といってもその場その場の幸福感というものではなく、進歩し続ける存在としての人類にとっての幸福だ、ということです。つまり、短期的に見れば個人の自由を制約してもよいと思われる場合は多々あるかもしれないけれど、長い目で見れば他者に危害を加える場合に限った方が、社会における幸福の総体は促進されるということです。

このようにミルは功利主義によって自由とその制約の問題を基礎づけているということがわかります。ミルは抽象的な権利という考えは使わないと明確に述べています（32頁）。

ではなぜ個人の自由の尊重が重要かと言うと、それは長期的に見ると余計な介入をしないで個人の自発性に任せた方が社会全体にとって良いからだ、と言います。個人の自由そのものに価値があるというよりも、個人に自由を認めることによって長い目で見て何が得られるのかが問題になっています。専門的な言葉を用いれば、自由の内在的価値ではなく道具的価値（手段的価値）が問題になっています。

これは第三章の話題でもありますが、やっぱり短期的には、「この人は愚かなことをしているな」という理由から自由を制限した方が良いように見える時もあるかと思います。とくに大学生の時などは、親から見たらいかにも「これはやめさせた方がいいよな」と思うような行為をしていることもしばしばあるかもしれません。けれども、そうやっていろいろ試してみること、原文の第三章や第四章では「生き方の実験（experiments of living, experiments in living)」という印象的な表現が出てきますけれども、他人から見ると愚かに見えることを実験してみることが、長い目で見れば本人にとっても社会にとってもいいんだ、とミルは言います。この話は重要なので後でより詳しくお話ししたいと思います。

　このように個人の自由を最大限尊重する立場を自由主義（リベラリズム）と呼ぶとすると、ミルは自由主義を功利主義によって基礎づけていると言えます。これは『功利主義論』という別の著作の第五章で、正義を功利主義の観点から基礎づけるのとよく似ています。ただ、『功利主義論』と『自由論』がどういう関係にあるのかというのは、ミルの研究者の間でも議論になるところです。ミルは『自由論』で自由は絶対的に重要だと言っているけれども、本当に功利主義の立場でそんな強い主張ができるのだろうか、社会の幸福のためには個人の自由を他者危害原則を超えて規制した方がよいときもあるのではないか、ということが、ときに議論になっています。つまり、功利主義による自由主義の基礎づけは本当にうまくいくのか、という問題です。しかし、今回はそこには立ち入らず、触れるだけにしておきます。

六、個人の自由の三分類

『自由論』第一章の終わりに、ミルは人間の自由にふさわしい領域は三つあると言います（次頁の図参照）。一つ目は思想や言論の自由で、これが第二章のテーマです。二つ目が行為の自由で、これは基本的には第三章のテーマですが、全体的に見れば、第三章から第五章までずっと論じられているものでもあります。

最後の三つ目が、団結（結合）の自由、「他の人に迷惑をかけないかぎり、（……）どのような目的のためであれ団結する自由」（36頁）です。ミルは結社（association）の自由という言葉を使わずに、団結（combination）の自由という言葉を使っています。団結する当事者たちが成年に達していて強制されたり騙されたりしていないのであれば、またそれ以外の人々に危害を与えていないのであれば、何をしても自由だということです。

三つ目の点は、例えばイギリスにおける同性愛行為の非犯罪化などにも影響を与えた論点です。二〇世紀半ばまで、イギリスでは同性愛行為は犯罪でした。その非犯罪化を提言したウォルフェンデン報告書や、哲学者のH・L・A・ハートらは、まさにミルの他者危害原則

個人の自由の三分類

思想と言論の自由

「ものを考える自由、感じる自由。科学や道徳や宗教の、実践的もしくは思弁的な、あらゆる問題について、意見と感想の絶対的な自由」

行為の自由

「人から馬鹿だとか異常だとか間違ってるとか言われても、人に危害を加えないかぎり、人から邪魔されずに行動する自由」

結合の自由

「他の人に危害を加えないかぎり、(……)どのような目的のためであれ団結する自由」

出典:光文社古典新訳文庫『自由論』35〜36頁より抜粋

を用いて、成人同士がお互いに合意しているのであれば、それは誰にも危害にならないから、禁止すべきではないと主張しました。[22] 逆に合意していなければ、異性愛行為でも同性愛行為でも、レイプになる可能性があるわけです。

これはもっと広くいろんなことに使える議論だと思います。例えば、煙草を店内にいるみなが吸ってよい全面喫煙の喫茶店があるとすると、喫煙が通常なら他者危害になるとしても、ミルなら店内にいるみなが同意していれば問題ないと言うかもしれません。

そこで、まず言論の自由からということで、第一章の最後に思想の自由の話が出てきます。ここでミルが述べているのは、要するに、ミル以前にもすでに言論の自由についてはさまざまな議論がなされてきたので新しく付け加えることはないけれども、行動の自由に比べて言論の自由の重要性はみなが受け入れているところなので、ここから出発するのがよいだろう、ということです。けれども、実際のところは、第二章の言論の自由の擁護論は非常によく書けていると思います。この章だけ切り取って出版しても良いぐらいの、練りに練られた文章です。『自由論』第二章は具体例も含めて長いので、本書では適宜省略しつつ重要な点だけを紹介するつもりですが、ぜひ皆さんにも実際に『自由論』を読んでほしいと思います。

七、学生の意見

最後に、『自由論』第一章についての学生の意見を少しだけご紹介します。

「多数者の専制は公的機関を通じた政治的抑圧だけでなく、世論も含まれるという部分に非常に納得した。自分たちの社会の流儀や伝統にそぐわないとマジョリティが判断した価値観が冷遇されるという事例は現在でも多くある。日本での例を挙げると、近年注目されている同性婚や夫婦別姓はまさにこの「マジョリティの判断により長らく冷遇されてきた制度・価値観」にあたると思う。現在では賛成する人も多いが、日本社会の伝統をつくってきた家制度を壊すことになると考える一定数の人間のためにまだ法整備はされておらず、個人の自由が抑圧されている。同性婚や夫婦別姓を認めることは、実際に社会全体の効用を脅かすことになるのだろうか。」

この、「個人の自由を認めると社会の紐帯《ちゅうたい》や伝統が崩壊してしまう」という主張は、イギリスの同性愛行為の非犯罪化の議論においても保守派から出てきたものです[23]。同性婚や選択的夫婦別姓を認めたら、本当に社会の紐帯が崩壊してしまうのかとか、一部の人々の自由や幸福を犠牲にしてまで守ろうとしている伝統は本当にそこまでの価値があるのかなど、ぜひ検討してみてもらいたいと思います。もう一つ見てみましょう。

「少数者の専制に対しては、歴史的に立ち向かってきた例が多々見られると思います。王権が政治をしていた時代から、市民が選挙権を持ち、その選挙権も男性だけに限られていたものから、女性が選挙権を持ち、というように変革されていったことがその一つかと思います。しかし、多数派の世論に対して立ち向かうのはなかなか難しいものがあると感じます。世論に合わせて公約を掲げた人のみが当選してしまい、その人たちが政治を動かすからです。立ち向かうにも少数では厳しいかと思います。ただ、今の時代はSNSで少数派の主張もしやすいのではと思います。政治家にツイッター（現X《エックス》）をやっている人もいますが、こうしたSNSは少数派の声を聞くひとつの手段としてはいいのかなと思います。」

多数者の専制は政治を通じてだけでなく、第四講で詳しく見るように、社会的な同調圧力という形でも発現するので、さらにやっかいですね。ミルは言論や行動の自由に関して、他者危害原則で線引きすべきだと考えていますが、それを実際に社会でどのように実現するかは、我々が考えないといけない課題です。最後にもう一つ見てみましょう。

「他者危害原則について、他人に危害が及ぶ範囲の明確な線引きが難しいと考えた。例えば煙草について、他人が副流煙を吸い、健康に害を与えることになれば、煙草を吸うことは認められない。これは明らかに他者危害原則が当てはまる。一方、副流煙によって直接害を与えずとも、喫煙者本人が体調を崩した場合などに、周りに迷惑がかかることは十分考えられるのではないか。また、子どものそばにいる大人がみんな煙草を吸っているような場合、その子どもには煙草の負の側面が見えにくくなってしまい、結果的に本人も喫煙し、健康に害がでる、ということも考えられる。」

これはよい指摘で、危害とは何か、また間接的な危害はどこまで考慮すべきか、という問題が議論になるところです。例えば大勢の人が飲酒や喫煙が原因で病気になれば国民医療費の増大にもつながりますが、これは他者への危害と考えるべきか、といった問題です。『自由論』では「危害とは何か」があまり主題的に論じられていないのですが、第四講や第五講でこの種の問題を扱いたいと思います。

コラム② 『自由論』に対するミル自身の評価と、共著者問題

ミルは彼の死後まもなく出版された彼の『自伝』において、「『自由論』は私の書いた他のどれよりも長い生命を持ちそうに思われる」と述べています。それは一つには、今後も民主主義による平等が進展し多数者の専制が強まるにつれ、ますます個人の自由や個性の尊重が重要なテーマになるとミルが考えていたからですが、もう一つはハリエットとの共同作業により、本書が個人の自由に関する「哲学の教科書」と言うべきものに仕上がっているという自負があったからです。[24]

ミルは『自由論』が他のどの著作にも増して二人の合作であったと言い、次のように書いています。

「その中のどの一文にしても二人で何度も推敲し、いろいろと吟味し、内容にせよ表現にせよ見つけ得たかぎりの欠点をたんねんに刈り取るということをしなかったもの

はない。この著作がついに彼女の最後の改訂を受けなかったにかかわらず、単なる文章の模範としては、それ以前それ以後に私の生み出したどの作品をもはるかに凌いでいるのは、まさにこのためである。[25]」

この文章からは、『自由論』が、藤子不二雄やジョン・レノンとポール・マッカートニー（又はジョン・レノンとオノ・ヨーコ）のような二人の人間による共同作業の結晶であること、また、『自由論』の推敲を通じて二人に深い精神的なまじわりがあったことが窺えます。

では、なぜ彼女の名前を共著者の一人として出さなかったのでしょうか。これについては諸説あり、実は『自由論』の序文や『自伝』で書いてあるほどにはハリエットの貢献は多くなかったとする見解や、ハリエット本人が名前が出ることを望んでいなかったといった見解があります。さらに近年では、人工知能を用いた計量文献学の手法によって、『自由論』の各章が実際に誰によって書かれたのかを調べる研究も出てきています。[26]

いずれにせよ、『自由論』が優れた内容と表現を持つ書物であることは間違いないので、ぜひ丹念に読んでみてください。

第三講

言論の自由

『自由論』第二章

ロンドン、テンプルガーデンに
立つミルの像
写真：Alamy/ アフロ

一、言論の自由と「多数者の専制」

それでは次に、第二章「思想と言論（討論）の自由」を見てみましょう。ミルは、この思想と言論の自由についても、現代の問題は多数者の専制だと強調しています。すなわち、一九世紀のイギリスでは、国王や貴族などの少数者による専制に基づく出版の自由の制限は基本的になくなったものの、多数者の専制に基づく言論の自由の制限は未だに起こりうる、ということです。

「いま、われわれの社会は単に不寛容であるにすぎず、誰も殺さず、どんな意見も根絶させたりしない。しかし、不寛容な社会は人々に本心を偽らせ、あるいは積極的に意見を広める努力を控えさせる。」（81頁）

こうした不寛容な世論による言論の抑圧というのは、最近でもいろいろとあると思います。例えばポリティカル・コレクトネスという観点で、こういうことは言ってはいけないとか、あるいは「こういうジョークは不謹慎だから言わないでおきましょう」といった形で、注意されることがあるかと思います。その中には実際に問題のあるジョークや発言もあると思いますが、重要なのは、ミルがそうした陰に陽に行われる意見表明の制約も視野に入れて議論していることです。

ミルは次のように言っています。

「私は民衆が、民衆自身によってであれ政府を介してであれ、言論を統制する強制力を行使する権利を持っているとは絶対に思わない。

そのような権力はそもそも不当である。最良の政府であろうと、最悪の政府と同様に、そのような力を行使する資格などない。そのような権力は、世論に逆らって行使されるときも有害だが、世論に合致して行使されるときは、もっと有害だ。」（45頁）

ここで言う最良の政府というのは民主制のことだと思います。民主制でも君主制でも言論の抑圧は同じくらい有害であるということを、ミルは次のように上手なレトリック（修辞）を用いて述べています。

「一人の人間を除いて全人類が同じ意見で、一人だけ意見がみんなと異なるとき、その一人を黙らせることは、一人の権力者が力ずくで全体を黙らせるのと同じくらい不当である。」（45頁）

ですので、たとえ民意の発露であるとしても、少数者の言論を抑圧することは許されないのだと言うのです。

二〇二三年末、トランスジェンダーに関する翻訳書が一部の世論の批判を受けて刊行中止になりました。原書が出版されたアメリカでも差別的だと批判を受けていた本の邦訳を準備中に、SNSなどで抗議を受けると、出版社が自主的に刊行中止を発表したという事例です。朝日新聞の記事では、憲法学者の方が次のように述べています。

「そもそも憲法学が議論の対象としてきたのは、公権力による表現規制である。SNS上の異議申し立てを起点とした刊行中止は、憲法学の直接の対象ではないが、表現の自由の理念が問われている事案だとは言える。[27]」

要するに、この翻訳書の刊行中止は、政府による検閲が行われたのではなく、社会的な批判によって自主的に撤回したものだから、憲法の問題ではないが、それでも表現の自由の問題ではあるということです。

では、仮にこの本が誤りだらけの有害な本だったとしたら、出版を中止したのは正しかったのでしょうか。あるいは、仮に誤りだらけだったとしても出版する意義はあったと言えるでしょうか。ミルの議論は、まさにこういう点に関わっているので、この事例やその他の現代的な事例を念頭に読み進めてもらえたらと思います。[28]

ここからミルは、少数者なり多数者なりの意見を抑圧することの問題を三つの場合に分けて論じています。このあたりの議論はとても上手なのでぜひ本文を読んでもらいたいのですが、簡単にまとめると次のようになります。

今、抑圧されようとしている意見、例えば私が何か言おうとして抑圧されようとしている場合に、実際には私の意見が正しい場合と、私の意見が正しくない場合、それと私の意見が半真理の場合の三つがありえます。半真理とは、要するに半分ぐらい正しいとか、少なくとも一片の真理が意見に含まれているということで、ミルは「ハーフ・トゥルース（half-truth）」という表現を用いています（１１８頁）。

このいずれの場合でも、私の意見表明を抑圧すべきではないとミルは言います。それぞれについて簡単に見てみましょう。

二、抑圧されようとしている意見が真である場合

最近アニメ化もされた漫画で『チ。—地球の運動について—』という面白いものがあります。[29] これは中世ヨーロッパ的な世界を舞台にした物語で、天体が地球の周りを回っているという天動説を信じる人々が、地球は太陽の周りを回っているという地動説を信じて研究する学者を次々と捕まえて殺してしまい、地動説が世に出回らないようにするという話です。このような事例を念頭に、ミルの議論について考えてみてもらえたらと思います。

ミルは、こういう場合、意見の表明を抑圧する側が「無《む》謬性《びゅうせい》（infallibility）」を仮定していると言います。つまり、自分は絶対に間違っておらず、相手が間違っているのだから抑圧してよいのだということです。これに対してミルは、人間には誤る可能性、つまり「可《か》謬性《びゅうせい》（fallibility）」が常にあるのだから、無謬性を前提に相手の意見を封じてはいけないと言います。

ミルは、人が可謬的であることは誰でもよく知っていて、ほとんどの人は、あなただって

間違えている可能性があるでしょうと言われたら、もちろんそうだと答えるにもかかわらず、他の人の意見を抑圧してしまうことがあると言います。「民衆は、周囲の人々と自分が同じ意見のとき、あるいは自分が尊敬している人々と同じ意見のときだけは、自分の意見を絶対に正しいと思ってしまう」（48頁）。

しかし、とミルは続けます。「どの時代にも、後の時代から見れば間違った意見、馬鹿げた意見がたくさんあった。過去において一般に正しいとされた意見の多くが現在では間違いとされているように、現在一般に正しいとされる意見の多くが、将来においては間違いとされるにちがいない」（49頁）。

こういう風に言われたらその通りだとみなが同意するのに、実際に先のトランスジェンダー本の翻訳の件のように、個々の事例になると、出版はけしからんからやめさせろという反対運動が起こるわけです。もちろん、そうした事例において、表明された意見には真理は一片もなく、間違ったことしか書いていないかもしれないので、その場合については「抑圧されようとしている意見が偽である場合」のところで別途考える必要があります。

このように、ミルは人間の可謬性を強調しています。彼に言わせれば、可謬性を認めることこそが人間が賢くなる秘訣です。すなわち、賢い人というのは数々の真理だけを知っているというのではなく、「どんな反対意見にも耳を傾け、正しいと思われる部分はできるだけ受け入れ、誤っている部分についてはどこが誤りなのかを自分でも考え、できればほかの人にも説明することを習慣としてきた」人、また「ひとつのテーマでも、それを完全に理解するためには、さまざまに異なる意見をすべて聞き、ものの見え方をあらゆる観点から調べつくすという方法しかないと感じてきた」人なのだと言います（54頁）。

またミルはこの文脈で、有名な「悪魔の代弁者（代理人）」の話を紹介しています。

「すべての教会のなかでもっとも不寛容なローマ・カトリック教会ですら、優れた人物を聖人の列に加えるかどうかを決めるさいには、その人をあえて非難してみせる「悪魔の代理人」を招き入れ、その言い分を辛抱強く聞く。どんなに優れた聖者でも、悪魔に浴びせられると思われる非難がすべて並べられ、検討されつくすまで、死後の栄誉は認められないらしい。」（55頁）

悪魔の代弁者は英語でデビルズ・アドボケイト（devil's advocate）です。右の引用にあるように、これはローマ・カトリック教会がある人を聖者にするための審査において、その人について考えうる限りの批判をする役割を担う人のことです。[30] このような「悪魔の代弁者」に考えつく限りの問題点を挙げさせて、それでも優れた人であるということがわかれば聖者に列するという慣行です。

このように異論をあえて出す役割の者を立てることで、ある人が聖者であるかどうかについての結論が磐石であることを保証すると言うのです。そうせずに、一方的な意見しか聞かなかったら、自分たちの意見が本当に正しいかどうかはわからないからです。

さらにミルは、「迫害は真理にどんな危害も加えることはできない。だから真理を迫害しても構わない」という迫害正当化論も検討しています。これは、真理というのはいわばどれだけ取っても生えてくるキノコみたいなものなので、真理を迫害しても全然問題ない、むしろ厳しく弾圧した方が真理もその分力強くなる、という、いわばキノコ論法です。先ほど紹介した『チ。』という漫画でも、真理が弾圧に負けずに生き残っていく姿が描かれており、皆さんの中にもこのようなキノコ論法に同意する人がいるかもしれません。

それに対してミルは、いやいやそんなことはない、真理は実際に数世紀にわたって封殺されることがあるし、たしかに一度封殺された真理を後の世代の人が再発見することもあるが、だからといって必死に努力して真理を見つけた人を殺してよいことにはならない、というこ

ですが、政治や道徳などの領域では、ちょうど裁判がそうであるように、異なる立場のいずれが正しいかについて、天秤で量るように論拠のよしあしを比べて決めないといけないと言います。その場合、次の引用にあるように、相手方の議論の問題点を指摘することが不可欠です。

「〔自然科学でさえ、他の理論がなぜ間違えているのかを説明する必要があるが〕自然科学よりはるかに複雑な問題に目を転じよう。すなわち、道徳、宗教、政治、社会関係、そして実生活の問題である。そこではひとつの意見を弁護する言葉の四分の三が、自分と異なる意見の積極面を否定することに費やされる。

　古代の偉大な雄弁家キケロが残した記録によれば、彼は常に論敵の主張を、自分の主張以上にとはいえないまでも、それと同じくらい熱心に研究したのだそうだ。どのような問題であれ、真理に到達するために研究している者なら、キケロが弁論で勝つために行っていたやり方をぜひとも見習うべきである。

　自分が言いたいことしか知らない人は、ほとんど無知に等しい。彼の言い分は正しいかもしれないし、誰も論駁《ろんばく》できなかったかもしれない。けれども、彼もまた反対側の言い分を論駁できず、あるいは相手の言い分の中身も知らないなら、彼がどちらの言い分を選ぶにせよ、その根拠はゼロである。」（90〜91頁）

自分の主張の正しさを示すためには、自分の主張だけを論じていてはダメだということです。ミル先生、厳しいですね。しかし、これは皆さんにもぜひ考えてほしい点です。自分の主張に対する反論を検討し、自分と異なる意見がなぜ正しくないのかを示すことができなければ、仮に自分の意見が正しいとしても、その正しさを十分には示せず、ミルに言わせれば迷信にとらわれているのとあまり変わらないのです。

また、こうした異論や反論は、先生や教科書から学ぶのではなく、「それを本当に信じている人から直接聞く」必要がある、なぜなら「本人なら自分の意見を熱心に語るし、なるべくこちらにわかってもらえるよう精一杯努力するはずだ」とミルは言います（91頁）。反論も生き生きとした形で提示されないといけない、そのためには反論を言う者を抑圧してはいけないと言うんですね。

このような異論の抑圧によって真理が生き生きとしたものと感じられなくなった例としてミルが挙げるのがキリスト教の教えです。キリスト教の教えは、ローマ時代に弾圧を受けてキリスト教徒がライオンの餌食にされたりしていた頃は非常に生き生きとした真理だったけれど、弾圧を受けなくなって多数派になってしまうと、もはやイエスの教えの真理が十分に人々に理解されなくなり、死んだドグマになってしまった、とミルは言います。

そうすると、人々は聖書の言葉を暗唱できたとしても、その本当の価値はわからなくなってしまう。例えば、「自分を愛するように隣人を愛さなければならない」とか「金持ちが神の国に入るよりも、らくだが針の穴を通る方が、もっとやさしい」といったイエスの教えは生きた信念であることを止めてしまう（102頁）。「教義をめぐる戦場に敵がまったくいなくなると、とたんに、教える者も教わる者もそれぞれのポストで居眠りを始めるのだ」とミルは表現しています（105頁）。こういうことは、宗教だけでなく、いろいろな分野で起こりえます。

しかし、だとすると、文明や学問が進歩して反論の余地のない真理が増えたら、相対的に反対意見が減ってしまい、みんな死んだドグマになって困ったことにならないでしょうか。あるいは、文明や学問は進歩しない方がよいのでしょうか。ミルはこのような批判も検討しています。ミル自身もしっかり反論と戦うわけですね。

このような批判に対して、ミルは文明や学問の進歩はもちろん歓迎だが、それによって意見の多様性が狭まっていくという側面に関しては、何か対策を打つ必要があると言います。そこでミルが挙げる良い方法は、ソクラテスの問答法です。真理を生き生きとしたものとして受け取るには、プラトンの対話篇で描かれているような対話術がよいと言うのです。面白いところなので詳しく説明しておきましょう。

四、ソクラテスの問答法の有用性

さて、近年、ソクラティック・ダイアローグという言葉が日本でも用いられることがありますが、ここで皆さんにクイズです。ソクラテスの問答法とは、どういうものでしょうか。次の中から選んでください。

(1)ソクラテスが「このはしわたるべからず」などのとんちを出して相手を困らせる対話のこと。

(2)対話相手がテーゼ（命題）を主張し、それに対してソクラテスがアンチテーゼ（反対命題）を提示し、ジンテーゼ（総合命題）に至る議論のこと。

(3)ソクラテスが質問相手から引き出した答えを吟味して、それが不十分であることを悟らせる手法のこと。

ミルは次のように言います。ソクラテスの問答法は「本質的に、哲学や人生の重要な問題についての否定的な議論である。ありきたりの常識的な意見をそのまま受け入れている人間は、問題を理解すらしていない――自分の口で意見を述べても、じつはその意味が明確にはわかっていない――そのことを、このうえない巧みさで本人に自覚させるのが、この弁証法の目的であった」（１０９頁）。ですから、答えは⑶ですね。

裁判でも相手側が呼んだ証人を尋問する反対尋問というのがありますが、これによってときに証言の矛盾が明るみに出るように、ソクラテスも相手の議論を吟味することで、相手が実は何も知らないことを気付かせるのです。最近は「論破」という言葉がよく使われるようですが、まさにこの論破ないし論駁するというのがソクラテスの問答法の特徴です。しかし、それは単に論駁することだけが目的ではありません。ミルは次のように言います。

「論駁法による議論をバカにするのが今日の流行である。自分から進んで真理を述べず、ただ相手の理論の弱点や実践上の誤りを指摘するだけだからだ、と言う。

たしかに、否定だけの批判は、それが最終結論であるならば貧弱そのものである。しかし、論駁法という名にふさわしく、積極的な知識や確信に到達するための手段としてならば、それはいまでもきわめて高く評価されるべきものである。」（110頁）

このように問答法によって無知を自覚させることで、改めて真理を探究する態度を培うことができるのだと言うのです。きちんとした家を建てるには、その前に古い建物を片付けて地均《じなら》しをする作業が必要だ、ということだと思います。

ところが、今日の教育ではこういう反対意見と向き合う訓練が重視されていない、とミルは言います。

「教師と書物だけを頼りに学ぶ者は、丸暗記で満足しがちである。また、たとえその自己満足の強い誘惑から免れたとしても、ことがらの賛否両論を聞かねばならないと強制されるわけではない。

したがって、思想家のあいだでさえ、ひとつの問題の賛否両論を熟知する者はそう多くない。そして、これは誰にも言えることだが、自分の意見を弁護するなかで、反対意

見に答えようとする部分が、やはり一番弱い。」（110頁）

反対意見を抑圧する場合だけでなく、目や耳を塞いで聞かないことによっても、我々の主張はその分弱くなってしまうため、進んで反対意見を聞く必要があるということです。なんとも耳の痛い言葉です。皆さんも議論をするさいにはミルのこの言葉を思い出してもらいたいと思います。

ソクラテスは自分を虻《あぶ》に喩《たと》え、放っておくとまどろみがちな馬であるアテネを常に覚醒させておくために自分は存在するのだから、アテネの市民は自分に感謝してほしい、と述べていましたが、結局死刑になりました。ミルもまた、反対意見を述べる人を煙たがらずにありがたく思わなければならない、と言います。ミルは次のように述べています。

「もしも常識的な意見に反対する人がいたら、あるいは、法律や世論が許せばそうしたいと思っている人がいたら、我々はそういう人がいることに感謝しよう。そして、心を開いて彼らの言うことを聞こう。自分たちの信念を確かなもの、力強いものにしたいのであれば、我々がひどく苦労してやらねばならない作業を、代わりにやってくれる人が

いることを喜ぼう。」（１１１頁）

このように、反対意見が仮に間違っていたとしても、我々は真理を生き生きとした状態に保つために反対意見を歓迎すべきだとミルは言うのです。

五、半真理の場合

最後に、どちらの意見にも一面の真理がある場合です。これまで述べてきたように、ミルによれば、対立する意見のどちらか一方が正しくもう一方が間違っているとしても、意見は封殺すべきでないということでした。しかし、実際のところ一番多いのは、この第三の場合だとミルは言います。すでに紹介しましたが、ミルはハーフ・トゥルース（半真理）という印象に残る言葉を使っています。

ここで一点注意すべきことがあります。ここまでの議論で気付いた方もいるかもしれませんが、ミルは言論の自由を論じるにあたって、真理が複数あるとか万人にとっての真理はないといった話はしていません。今日の社会では、万人にとっての真理なんてないよねとか、正解はないからみんな自由に喋るべきだよね、という意見もおそらくあると思います。しかし、ミルはこうした真理の相対主義（真理は人や時代によって異なる）とか懐疑主義（真理は存在しない）の立場を取っていないということです。

言い方を変えると、ミルは確たる真理というものが自然科学だけでなく政治や道徳の領域にもあると前提した上で、これまで述べてきた理由から言論の自由を認めるべきだと主張している、ということです。半真理という言葉も、そのような文脈で理解する必要があります。

ミルは半真理の一例として、ルソーの文明批判を挙げています。簡単に言うと、一八世紀には教養のある人もそうでない人もみな近代文明を礼讃していたところに、「ルソーの逆説的な主張が見事に炸裂《さくれつ》した」（115頁）。実際のところ、文明を礼讃する主流派の意見には多くの真理が含まれていたけれども、ルソーが文明人より野蛮人の方が道徳的に優れているとか、文明が我々をダメにしていると執拗に攻撃したことにも一面の真理があったのだ、とミルは言います。

また、政治上の保守勢力と革新勢力が長く対立し合っているのも、両方に半真理があるからだということを言っています。それから次の話も面白いんですけれども、ミルはキリスト教も全てが真理なのではなくて半真理にすぎないという、何世紀か前に書いていたらそれこそ禁書になっていたような過激なことも述べています。ミルはここでニーチェと似たようなことを言っているのでちょっと紹介しておきます。

「キリスト教道徳の本質は、消極的な服従を説くことである。既成のすべての権威に服従せよと説く。もちろん、こうした権威がキリスト教の禁ずることを命じたときには、すすんで服従する必要はないけれども、われわれ自身に対してどれだけ害悪を与えても、けっして権威に抵抗してはならない。ましてや反乱などを起こしてはならない。」（122頁）

ここはニーチェならキリスト教道徳は奴隷道徳だという風に過激に言うところでしょう。ミルも結構厳しくて、キリスト教道徳は服従に唯一の価値を置くため、「人類の道徳が再生するためには、キリスト教を唯一の源泉とする道徳とはまったく別の道徳が、キリスト教道徳と並んで存在していなければなるまい」とはっきり言います（125頁）。そして、公共精神とか人間の偉大さを説くギリシアやローマの思想が必要だと述べています。ここもニーチェと似ているところです。[31]

半真理の話は大体これぐらいで終わりなんですけれど、ミルの良いところをもう少しだけ紹介しておこうと思います。

このミルの半真理の話というのは、政治とか言論の自由の文脈に限らず、個人的な態度としても非常に有用だと思います。ミル自身がこの半真理の考え方を実践していたと考えられます。ミルは自伝の中で次のように述べています。

「私は常に、抽象的な学問（……）の畑は別として、独創的思想家としての自分の才能をあまり買っていなかったが、すべての人から学びとるという気持および能力にかけては、同時代の大概の人たちにくらべて、はるかにまさっていると考えていた。事実、新と旧とを問わず、あらゆる意見のための弁護論を、私くらいたんねんに検討する習慣の人間はほとんど見ることができなかった。それは、たとえそれがまちがった議論であったとしてもその底には一脈の真実がひそんでいないとはかぎらず、また、どういう場合にもせよ、それらの議論を一応もっともらしく見せているのが何であるかをつきとめれば、やはり真実にとっての利益とはなるにちがいないという、私の確信から出た習慣なのであった。[32]」

ミルに対しては、何でも良いとこ取りをする折衷主義と批判されることもありますけれど、どんな意見でもそれがある程度誰かから支持されているのは一面の真理があるからであり、その真理をとり出すことが重要だとミルは考えていました。だからこそ自分は重要な哲学者として認識されているのだと、ミル自身も考えていたのではないかと思います。

もう少し続けますが、ミルは『自由論』の中で「人間は経験と議論によって、自分の誤りを改めることができる」（53頁）と述べて、次のように記しています。ここもミル自身の生き方が反映された記述であるように思います。

「その人の判断が本当に信頼できる場合、その人はどうやってそのようになれたのだろうか。

それは、自分の意見や行動に対する批判を、常に虚心に受け止めてきたからである。どんな反対意見にも耳を傾け、正しいと思われる部分はできるだけ受け入れ、誤っている部分についてはどこが誤りなのかを自分でも考え、できれば他の人にも説明することを習慣としてきたからである。ひとつのテーマでも、それを完全に理解するためには、さまざまに異なる意見をすべて聞き、ものの見え方をあらゆる観点から調べつくすという方法しかないと感じてきたからである。実際、これ以外の方法で英知を獲得した賢人はいないし、知性の性質から言っても、人間はこれ以外の方法では賢くなれない。」(54頁)

長くなるのでこれ以上は引用しませんが、ミルはこうした考え方を、例えばソクラテスやマルクス・アウレリウスから学んだのではないかと思います。異論・反論大歓迎と言っても、実際のところは間違いを指摘されたら怒ることもあったんじゃないかという気もしますが、それでもモットーとして、反対意見を聞くことが真理の探究には不可欠であり、そのためには言論の自由が欠かせないと考えていたのだと思います。

六、現代の問題と学生の意見

ここまでのミルの議論について、皆さんはどう思ったでしょうか。ミルの議論を現代社会に当てはめて考えることはできそうでしょうか。先ほど示したトランスジェンダーに関する翻訳本の例などはどう考えるべきでしょうか。

ミルのいう社会的な言論の抑圧は、現代では例えば「同調圧力」とか「空気」といった表現で言われることもあるかと思います。特定の意見の表明が難しく、そもそも議論ができないという雰囲気は、現代社会でも強まることはあれ弱まってはいないのではないかと思われます。

例えば重要な問題としてこういう話があります。二〇二〇年の新型コロナパンデミックが始まった夏ぐらいに、京都でＡＬＳ嘱託殺人事件の報道がありました。亡くなったのは五十代の女性です。彼女は京都の大学の出身で海外でも活躍していましたが、四十代でＡＬＳ(筋萎縮性側索硬化症）という難病を発症しました。ＡＬＳはだんだんと全身の筋肉を動かすことができなくなる病気で、やがて呼吸も苦しくなってくるため、気管を切開して人工呼吸器を付けるかどうかを決めなければなりません。さらに呼吸器を付けた場合でも、最後にはまぶたの筋肉も動かせなくなってコミュニケーションのできない状態になることがあります。

現在の日本ではＡＬＳの患者が一度人工呼吸器を付けると外せなくなるという事情もあり、この女性は呼吸器を付けませんでした。そして、できれば安楽死したいと考え、ＳＮＳで知り合った医師に致死薬を投与してもらって亡くなりました。一審の京都地裁ではこの件で医師ら二名が嘱託殺人罪などで有罪になっています。

この事件があったとき、ネット上では、「自分だったら生きたいと思わない」とか「もし私なら死にたい」というような匿名コメントを書く人がたくさん出てきました。すると、少し前にお亡くなりになった立命館大学の立岩真也《たていわしんや》氏が、京都新聞のインタビューでそういう発言はヘイトスピーチだと批判しました。

「こうした言葉を発する人は、「自分のことを言っているだけで、他人を非難しているわけではない」と思っているかもしれないが、それは違う。もはやヘイトクライムと言っていい。困難な状況で生きている人に対して、「私はあなたの状態が死ぬほど嫌です」と言うのは、相当強い否定だ。

例えば、何でもいいですよ、「私が、もし黒人として生まれたら、生きていられない、死んじゃう」とかね。相手の属性・状態を、命という非常に重いものと比較して、それに劣ると指摘するのは犯罪的だ。(……)

ある状況を指して「自分ならこうしたい」と公言することは、常に他人を傷つける恐れがあることを意識するべきだ。[33]」

このように立岩氏は書いています。日本ではヘイトスピーチは「特定の国の出身者であること又はその子孫であることのみを理由に、日本社会から追い出そうとしたり危害を加えようとしたりするなどの一方的な内容の言動」[34]という風に説明され、基本的には民族や人種などを理由にした発言が想定されています。ですので、日本の文脈では上記のような発言はヘイトスピーチとは認められないと思いますが、それにもかかわらず立岩氏がそうした発言をヘイトスピーチだと主張したのは、そのような発言は法的に禁止してよいほど危険なものであると言いたかったのでしょう。

　さて、皆さんはどう考えますか。また、ミルならどう答えるでしょうか。ミルは、言論は絶対的に自由であるべきだと言いますが、暴力や暴動を煽るような言動は他者危害にあたるのでダメだということを、『自由論』の第三章の冒頭の方で述べています（第四講一を参照）。ところが、こういうSNS上での匿名の「私だったら死にたい」というような発言は、物理的な暴力を煽るような発言ではないと考えられます。それでも「言葉が直接人を傷つける」という理由から他者危害と言うべきか、言えないか。これをX（元Twitter《ツイッター》）のようなプラットフォーム事業者による自己規制か、あるいは法律によって規制すべきなのでしょうか。

　少しだけ学生の意見を紹介しましょう。

「ALS患者に関する投稿も、出版中止になったトランスジェンダー本も、たしかに当事者の方々が傷つく恐れのあるものだと感じました。これらのことは、意見が抑圧されてはいけないからといって認められるべきではないと思います。他者危害原則に則り、討論の自由があるとはいえ、誰かを傷つけるような意見は制約するべきだと考えます。でもどこからが危害になるかという線引きが難しく、さらに議論が必要になってしまうなと思いました。」

言葉が人を傷つける、というのは現代では当然のように考えられています。一方で、英語では、「棒や石によって骨を折ることはできるが、言葉は決して人を傷つけることはできない（Sticks and stones may break my bones, but words will never hurt me.）」という諺《ことわざ》もあります。ミルは『自由論』の中では、扇動的な演説のように言葉を通じて暴力が引き起こされる事態は想定していますが「言葉の暴力」、つまり言葉そのものによる危害の可能性については何も語っていません。

もっとも、ミルは第二章の最後の方で、「表現の自由があるといっても、表現のしかたは穏健なものでなければならない」という主張に対して、攻撃された側が不快に感じるかどうかを基準にすることはできない、として次のように論じています。（130頁）

「経験から明らかなように、攻撃が巧みで強烈なら、相手はかならず不快になるものだ。相手を追いつめ、応答に困らせる論敵は、彼がそのテーマにのめり込めばのめり込むほど、不謹慎な反対者と見られてしまう。」（１３０頁）

論争相手を不快にさせると言えば、例えばソクラテスがそうですよね。論争相手を不快にさせてはいけないという基準で言論の自由を規制しだしたら、まずソクラテスのような人が口にチャックをしないといけなくなりそうです。

ミルは言論の自由を最大限に守るという理由から、誹謗中傷のようなものも「法律や官憲が介入すべきことがら」ではなく、「世論が個々の事例の状況にかんがみて判断をくだすべき」だとしています（１３３頁）。言葉が他人を傷つけると言うとき、法による規制が適切だと考えるべきか、それともミルの言うように規制は適切でないものと考えるか、皆さんもさらに考えてみてもらえたらと思います。

別の意見を紹介します。

「立岩教授の主張は、同調圧力や他者危害的な面を考えればある程度納得できるが、少し違和感も覚えた。「自分が黒人ならば死んでしまう」の発言の例では、悪いのは発言者というよりも、自分が黒人であるならば死にたいと思わせるような社会の状況なのではないか。そのような社会への問題提起として、この発言は過激でありながらも多少の意味を持つのではなかろうか。」

これも面白い指摘ですね。二〇一六年に「保育園落ちた日本死ね!!!」と題した匿名ブログでの発言が話題になりましたが、こういう過激に見える発言が待機児童問題について議論するきっかけになりうることを考えると、こういう発言をプラットフォーム事業者が自動的に削除したりしない方がよいのでは、と思えます。「私だったら死にたい」といった発言にもそのような解釈ができる余地があるか、考えてみてください。

次は、右のものと似た別の意見です。

「他者の尊厳を奪って傷つける発言に対して、ヘイトスピーチとレッテルを貼るのは簡単だが、それを半真理と考えてその意見を研究することも大切なのではないか。また、自分の側が完全に正しいものであっても、レッテル貼りによってヘイトスピーチに関して議論が進んでいかないことによって、やはりミルが述べるように言葉そのものが形骸化していくのではないか。」

たしかに、一見して誤った意見にも真理がひそんでいる可能性があり、また仮に間違った意見でも、それと対峙することで真理が生き生きとしてくるというのがミルの主張でした。「どんな病気にかかっていても懸命に生きるべきだ」という意見が真理なのかもしれませんが、この主張に反対する意見を封じ込めると、この意見も「死んだドグマ」になってしまうかもしれません。

次の意見にいきましょう。

「個人的には、立岩氏の意見に賛成である。もし自分が何か辛い状況にある中で一生懸命生きているのに、「私だったら死にたい」と言われたら、じゃあ頑張って生きている私って何?と思ってしまうだろう。結局、人は腹の底で何を思おうが自由、というかそこまでは誰も制限できないが、それを口に出すことで誰かを傷つけうることを常に意識するというのは人間として当然のことで、法律にしたり、えらい人が言わないといけないほどのことではないと思う。自分も他人の気持ちに完璧に配慮しきれていないが、自戒も込めて、何でも自由に口に出していいのかということを考えていくべきだなと感じた。」

たとえこうした言論を規制するのはよくないとしても、匿名の空間だからといって好き放題言ってよいことにはならず、自分の発言に責任を持つべきだ、という主張ですね。これはその通りだろうと思います。

ミル自身も公の議論のあり方には「口汚い非難、嘲笑、人身攻撃」（131頁）などをしないという一定の節度があるべきだと考えていたと思います。ただし、先にも述べたように、それは道徳として守るべきであり、法による規制は不適切だと考えていました。ですので、ミルは他者の発言をヘイトスピーチと決めつけて抑圧しようとすることに異議を唱えたかもしれません。ミル自身は次のように述べています。

「われわれが論争するとき犯すかもしれない罪のうちで、最悪のものは、反対意見の人々を不道徳な悪者と決めつけることである。」（132頁）

相手の意見を不道徳だと非難して沈黙させるのではなく、相手の意見の間違っている点を指摘することが、相手にとっても自分にとっても、また社会の進歩にとっても重要だとミルは考えていました。だからこそ、ミルは次のように完全な言論の自由を主張したのです。

「本章で述べることが妥当なものであるならば、どんな学説であろうと、たとえそれが不道徳とみなされる学説であろうとも、それを倫理的な信念の問題として公表・議論できる完全な自由が存在しなければならない。」（43頁）

皆さんはミルの言論の自由の擁護をどのように考えるでしょうか。もちろんミルは反対意見を歓迎したでしょうから、納得しなかった人だけでなく、納得した人もぜひ「悪魔の代弁者」を演じて反論を考えてもらえたらと思います。

コラム③　ミルの人柄について

ミルの生涯については第一講で解説しましたが、彼はどのような性格の人だったのでしょうか。オックスフォード大学の哲学者で、二〇世紀を代表する自由主義的な思想家のアイザイア・バーリン（一九〇九～一九九七）は、ミルの知的な側面での性格を次のように紹介しています。

「彼〔ミル〕は批判をそれ自体として好みました。彼は追従を嫌い、自分の著作が褒められることすら嫌いました。彼は他人の内にある独断的思想を攻撃し、自分自身は本当に独断から自由でした。（……）彼は虚栄心を持たず、名声を気にせず、それゆえ一貫性のために一貫性に執着することなく、人間の問題が問われているときには自分自身の名誉に執着することもありませんでした。（……）理解できないなら（しばしば理解できないことはあったに違いありません）、彼は理解したふりをしませんでした。」[35]

バーリンはまるでミルの友人であるかのように書いていますが、バーリンが生まれた頃にはミルはとうに死んでいました。

一方、ミルが三十代半ばだった頃から彼の良き友人となった心理学者のアレグザンダー・ベイン（一八一八～一九〇三）は、ミルの死後に評伝を書き、彼の性格について詳しく記しています。大雑把に言うとこんな感じです。「抽象的な議論は得意だが具体的なところは今ひとつ。記憶力もさほど良くない。他人の意見をよく吟味して自分で間違いを進んで直すところは人一倍すごかった。執筆活動を楽しんだ。おいしいものを食べたいという欲求は強くない。性格は優しくて悪意はほとんどなく、公共心に溢れていた。風景を見るのが好きで鉄道の発達による自然破壊を懸念していた。植物採集が趣味だったが素人の域を出なかった。詩を読んで味わうことはできたが作る才能はなかった。文章を明確に書く能力は優れていたが、美

ミルを冷徹に評価したアレグザンダー・ベインの肖像

しい文章を書く能力はなかった。会話は相手の話をよく聞いた上で自分の意見を理路整然と言うことができたが、文章も会話もそれほど機知に富んでいるわけではなかった。」

ミルにも美点と欠点があったようです。[36]

第四講

天才・変人・そして自由

『自由論』第三章

晩年のミルの肖像
提供：Roger-Viollet/ アフロ

一、ここまでの復習

前回までの話を簡単に復習しましょう。

ここまで『自由論』の第一章と第二章を見てきました。序論にあたる第一章のキーワードだけ確認すると、まず「多数者の専制」が重要でした。多数者の専制とは、基本的に社会の好き嫌い――これは多数者の好き嫌いということになりますが――によって個人の自由が制約されるという事態を指します。ミルは個人の自由を最大限に尊重するという立場から、多数者の専制を制約する必要があり、そのためには他者危害原則が重要だということを第一章で論じていました。この他者危害原則も重要なキーワードですが、これについては『自由論』第四章で詳しく議論されており、本書では第五講で解説します。

続く第二章「思想と言論の自由」では、自由の重要性について人々がよく理解している分野から始めましょうということで、言論の自由の問題が取り上げられました。ミルは、抑圧されんとする意見が真理である場合と間違っている場合、そして一面の真理があるという意味で半真理の場合、これら三つのいずれの場合においても、反対意見を抑圧することは人類にとって損害になる、と主張していました。ミルが言論の自由に関する議論をしたのは、この議論が個人の自由の他の領域にも適用可能な雛形《ひながた》になっていると考えていたからでした。

そこで、続く第三章ではこの雛形を個人の行動の自由に適用するという構成になっています。『自由論』の構成はよく練られているので、構成を理解することが大切です。第一章では多数者の専制と他者危害原則という考えが導入されましたが、この二つの話はそれぞれ主に第三章と第四章につながっています。その途中にある第二章は、自由がなぜ大事かということの主要な根拠を示すためにあるという風に考えてよいと思います。前講で書きましたように、第二章そのものが非常によくできているので、この章だけを取り上げて言論の自由について考えるというのも意義深いのですが、この章での議論を踏まえて第三章の行動の自由が論じられているという点が重要です。

先に進む前に、第二章に関する学生の意見をもう一つ紹介しておきましょう。


「私が「言論の自由を守らねばならない」という文脈で想起する理由は主に、全体主義化や専制君主化を防ぐためですが、ミルは（……）どちらかというと、真理への探究や真理を自らのものにするためとして、言論の自由を保障しているようであるのが興味深かったです。

言論の自由という比較的我々に身近なテーマを扱いつつも、なぜか血の通っていない話に感じるのは、その論の中心に真理を据えており、真理を日ごろから特に重視することのない人間からすると、どこか遠い世界の綺麗ごとのように感じるからかもしれないと思いました。」

これは第三章の議論とのつながりでも重要な指摘だと思います。ミルの『自由論』の第二章の話は基本的に真理を主題にしており、真理の発見のためには言論の自由が保障されている必要があるという、ある意味で古典的な言論の自由の擁護になっています。ここでいう真理とは科学的な真理だけではなく、政治や道徳に関する主張の真理も含まれています。専制的な政府は自分たちに不都合な主張を「誤った有害な考え」として弾圧しようとする場合があることを考えると、真理の話は全体主義や専制国家の問題と結びついていないわけではなく、過去には真理の抑圧というのはもっぱら少数者の支配を脅かすような主張に対して行われてきたものと考えられます。

今、古典的と書きましたが、現代ではそういう古典的な議論とは別に、例えばポルノグラフィ、あるいは第三講でも扱ったヘイトスピーチのように、一見すると真理とはほとんど関係しないと思われる事柄に関する表現の自由や言論の自由が問題になっています。つまり、現在問題になっている言論や表現の自由というのは、おそらく真理だけが問題ではない、ということを考えなければいけないと思います。

例えばヘイトスピーチについて考えましょう。「不《ふ》逞《てい》犯罪ゴキブリくそ〇〇、日本からたたき出せ」「殺せ、殺せ、△△人」。これは大阪市のヘイトスピーチ条例で認定した表現の例です。[37] これらは真偽が問える命題というよりは、誰かに何かを指令する命令文の形になっています。命令文の中にも真偽の問える主張が隠れているかもしれませんが、普通はあまり真偽が問題になっているとは考えないと思います。とすると、真理にかなり重心を置いたミルの言論の自由の議論は、現代の議論とそぐわないところがあるかもしれません。ポルノグラフィの規制の是非なども、真偽が問題にならない可能性を考える必要があると思います。

この第二章の話を本講の冒頭で触れるのは、「行動の自由についても、言論の自由の議論が当てはまる」とミルは言うのですが、言論と同様、生き方についても本当に真偽が問えるのか、という問題があるからです。果たして、自分に合った生き方やそうでない生き方というのは、「人生の真理」に近い生き方とか、そうでない生き方などと言いかえることができるのでしょうか。また一般に、自分や社会に幸福をもたらす生き方というのは、どのような特徴をもったものと言えるのでしょうか。第三章を読むと、第二章の理知的な議論と比べて、より「血の通った議論」だと思う人が多いと思いますが、それは真偽の話を超えた話をしているからなのでしょうか。そういうことを考えながら、以降で紹介する『自由論』第三章の議論をよく検討してもらえたらと思います。

二、「生き方の実験」をする自由

さて、第三章は「幸福の要素としての個性」というタイトルの章です。この章は今読むとかなり面白いのですが、私が大学時代に読んだときには全然そうは思えず、「個性とか天才とか、ミルはいったい何を言っているのやら……」という感想でした。しかし、三十年ぐらい経ってから読み直すと、率直に面白いなと思います。ミルは五十代になってこの本を書いているので、中年にならないとその良さはわからないのかもしれませんが、どのあたりが面白いのかについて、なるべくどの世代の読者にもわかるように説明してみたいと思います。

第三章でミルは、個性を開花させることが本人の幸福にとってだけでなく、社会にとっても重要であることを力説しています。冒頭のあたりをちょっと引用してみましょう。

「自分の意見を持つ自由、その意見を率直に表明する自由、それは人間にとって絶対に必要なものである。その理由は前の章で明らかにした。(……)

そこで本章では、人間が自分の意見に基づいて行動する自由も、やはり同じ理由によって、必要なのではないか、ということを検討したい。

つまり、自分の意見を自分の生活において実行に移すことは、それが自分の責任でなされる限り、周囲の誰からも、肉体的にも精神的にも妨害されず、自由に行える。そういう自由も必要なのではないか。

自分の責任でなされる限り、という条件はもちろん絶対に外せない。決して、行動も意見と同様に自由であるべきだ、とは誰も言えない。むしろ反対に、意見でさえ、発表すれば有害な行為の扇動につながる場合には、自由の特権を失うのだ。」(136頁)

この引用の後でミルは「穀物商は貧乏人を餓死させる」とか「私有財産は盗みである」といった意見について言及しています(137頁)。こうした一見過激な意見でも、第二章で見た理由により、出版の自由は認められるべきです。しかし、「穀物商の家の前に集まって興奮している群衆にそういう演説をしたり、この群衆にプラカードの形でアピールしたりするのは、罰せられるのが当然だともいえよう」と述べています（137頁）。扇動的な意見の表明が暴力による危害を生み出す恐れが高い場合には、言論であっても規制されるということです。もう少し続けます。

「個人の自由には限度というものがある。つまり、他人に迷惑をかけてはならない。しかし、他人事《たにんごと》への余計な干渉は控え、ただ私事《わたくしごと》において自分の好みや判断を用いるだけなら、意見の自由の場合と同じ理屈が、個人の行動にも通用するはずだ。すなわち、私事においては、自分の責任において自分の意見を行動に移すことが、何らの干渉も受けずに許されるべきである。

人間は間違いを犯すものであること、人間の真理の大部分は、半真理《ハーフ・トゥルース》にすぎないこと、あらゆる反対意見をちゃんと踏まえた上でない限り、意見の一致は望ましいものではないこと、真理を全面的に認識する能力が人間に備わらない限り、意見の多様性は悪ではなくて善であること。以上は、人間の意見にばかりでなく、人間の行為についても当てはまる原理なのである。」（137〜138頁）

このように述べて、ミルは有名な「生き方の実験」の重要性を次のように説きます。

「人間が不完全な存在であるかぎり、さまざまの意見があることは有益である。同様に、さまざまの生活スタイルが試みられることも有益である。他人の害にならない限り、さまざまの性格の人間が最大限に自己表現できるとよい。誰もが、さまざまの生活スタイルのうち、自分に合いそうなスタイルを実際に試してみて、その価値を確かめることができるとよい。

要するに、他人に直接関係しない事柄においては、個性が前面に出ることが望ましい。その人自身の性格でなく、世間の伝統や慣習を行為のルールにしていると、人間を幸せにする主要な要素が失われる。個人と社会の進歩にとっての重要な要素も失われる。」（138頁）

大学の正門にでも掲げておきたい言葉ですね。ここで「生活スタイルを試す」と崩して訳されているのが、experiments of living と言われる、「人生の実験」とか、「生き方の実験」などと訳される印象的なフレーズです。

例えばジミ・ヘンドリックスのような、革新的な音楽を作ってまもなく死んでしまう人もいれば、スティーブ・ジョブズのように、コンピュータやタブレットを革新する人もいます。毀誉褒貶《きよほうへん》はあれども、彼らはそれぞれが生き方の実験をして、我々に新しい経験を提供したと言えるでしょう。先ほど触れたように、果たしてそれによって彼らや私たちが「人生の真理に近付いた」と言えるのかという問題はあろうかと思います。しかし、いずれにせよ、ミルは言論の自由で用いられた議論――人間は不完全であるから、間違っていようといまいと、多様な意見があった方がよい――を踏まえて、行動の自由を擁護しようとしています。

三、個性と「普通」

皆さんもここまでは素直に同意できたかもしれません。ですが、ミルに言わせると、個性の自由な発展が我々の幸福の要素の一つであるという意見は、言論の自由に比べると一般に認められていません。ミルは次のように言います。

「あいにくながら、個人の自発性〔に基づいて生き方を決めること〕に何らかの価値が内在するとか、自発性それ自体を尊重すべきだといった考え方は、通常めったに出てこない。大多数の人々は、現在あるがままの状態に満足している（現在の状態は彼らが作ったものであるから当然だ）。したがって、なぜこの状態に不満を覚える人がいるのか、彼らには理解できない。」（１３９頁）

ミルが言っているのは要するに、多くの人々は他人とは違った生き方を評価せず、自分たちの生き方を当然のように他人に押し付けようとしてくる、ということです。親の世代が自分たちの生き方を子どもに押し付けようとするというのもあるでしょう。

皆さんは、人間が幸福になるために個性は重要だと考えているでしょうか、あるいは人間の幸福にとって個性など重要ではないと考えているでしょうか。また、個性は学校教育で育てることができるものでしょうか。皆さんの意見は次のどれに近いでしょうか。

⑴個性は重要だが、現在の教育では個性を伸ばせていない。
⑵個性は重要で、現在の教育でも十分個性を伸ばせている。
⑶個性は重要ではないのに、現在の教育では無理に伸ばそうとしていて良くない。
⑷その他、わからない。

日本でも一九八〇年代末の学習指導要領の改訂で、それまでの画一的な教育の反省を受けて「個性を生かす教育の充実」が謳われるようになりました。しかし、個性は本当に教育によって伸ばせるのかというのは非常に面白い問題だと思います。また、最近では「ギフテッド」すなわち天才をどうやって育てるかということも話題になっています。このように、この問題はミルの時代だけでなく現代日本の課題でもあるので、皆さんにもぜひ考えてもらいたいと思います。

ところで、この文脈において日本でとくに問題になるのは、「普通と変」というテーマではないかと思います。新聞のデータベースでこのテーマで調べるといろいろな記事が出てきますが、例えばフリースクールに通う生徒たちを紹介したこんな記事があります。

「埼玉県から通うあゆみさん(15)は、中学三年の一学期に、「もう学校には行かない」と周囲に宣言した。

ずっと学校が嫌いだったのに、「芯が強くて何でも知っている優等生」という完璧な像がいつしか出来上がっていて、崩せなくなっていた。

ある日、本を読んでいて、わからなかったことを先生に尋ねた。答えに窮したのか、返ってきた言葉は「お前は知識ばっかりで感情がない」。ショックだった。自分を見てくれていないと感じた。そんな思いが重なり、不登校につながった。

「普通に育てたのにどうして――」。母親の言葉は深く胸に突き刺さった。「私って普通じゃないの?」。他の人と違うことが、決して悪いことではない。〔東京〕シューレで仲間と出会い、そう思えるまで時間がかかった。

けんごさん(17)も、親せきに同じようなことを言われた経験がある。「あそこの二番目の子は普通じゃない」。いじめが原因で、中学時代、教室に行かなくなった。「高校ぐらいは行っとけ」。そう言われて入学したが、半年で行かなくなった。

みんなと一緒じゃないといけない。そう縛られていた自分から逃れるのに、三年かかった。「普通って何かは個人によって違うもの」。今はそう思える。

東京シューレは、一九八五年に、学校以外の子どもの居場所としてスタートした。現在は王子を含めて3か所に増え、家庭にいる子どもに情報提供する「ホームシューレ」の活動もしている。(……)

シューレを主宰する奥地圭子さん(57)は「どんな子だって一人ひとりが別の人間で

あるはずなのに、『多数＝普通＝正しい』という考えが、社会全体に浸透している。大人も子どももつくられた普通に縛られている」と話す。[38]」

右の引用に出てくる「多数＝普通＝正しい」という等式は興味深いですね。現代日本で言われる「普通」というのがミルの言う「多数者の専制」という発想と結びついていることがよくわかります。また、別の記事では、次のように述べられています。

「「なんか変」。「みんなと違う」。ちょっとした、何でもないことを理由に無視されたり、からかわれたりする。だから、いじめられないように、他人と同じでいようとする。つまりそれが「普通の子」でいることでもある。[39]」

このように、個性的であると変だと思われていじめられるから、普通でいようとする、ということが言われたりします。つまり、現代の日本は個性的だと不幸になりやすい社会だということです。実際、学校でのいじめについては、セクシュアルマイノリティや吃音《きつおん》、発達障害、外国人児童などのマイノリティがいじめを受けやすいハイリスク層だと考えられています。[40]今日では、「同調圧力」というような表現もよく用いられているかと思いますが、ミルのいう「多数者の専制」というのが、日本の学校ではこのような形で表れていると言えるかもしれません。

現代の日本では、普通という言葉が個性のないことと結びつき、そればかりか、「普通であることは善いことで、普通でないことは悪いことだ」という一つの社会規範になっていることが問題だと考えられます。本書ではこれを「普通規範」と呼ぶことにしたいと思います。普通規範については後に改めて説明します。

ミルは当時のイギリス社会においても現在の日本と同じようなことが起こっていると考え、人々に画一的な生き方を強いる社会的圧力が個性とか天才を生み出すことを阻《はば》んでおり、ひいてはそれが社会の活力を失わせてしまうことになると主張したのです。

四、「普通」の生き方の問題点

皆さんの中には、なぜ伝統や慣習に従って生きてはダメなのかとか、普通の生き方でいいじゃんと言いたくなる人もいるかと思います。そのような意見に対してミルは次のように言います。

「人の真似をすることだけが人間としての立派な行為だと考える者は誰もいない。自分の生活スタイルや自分の問題の処理に、自分独自の判断や自分の個性をいささかも持ち込むべきではないと主張する者もいない。

一方、自分が生まれる前の世界には一切知識の蓄えがない、とか、よりよい生き方やよりよい行為というものを知る上で経験はまったく役立たない、と想定して生きるべきだと主張するのもナンセンスだ。人類が経験によって得た成果を学んで活用できるように、若者を教え育てるべきであることは、誰も否定しない。（……）

他の人々の伝統や慣習は、彼らの経験が彼ら自身に何を教えたかを、ある程度だが、示してくれる証拠である。（……）

ただし、注意しておきたい。第一に、他の人々の経験は狭すぎるかもしれないし、間違って解釈されてきたかもしれない。第二に、彼らの解釈は彼らには適切でも、自分には不適かもしれない。慣習は、人々の通常の状態と性格に合わせて作られたものであるが、自分の状態や性格は通常と異なるかもしれないからである。第三に、その慣習が善い慣習であり、かつ自分にも適したものであっても、ただ単に慣習だから従うというのでは、人間のみに与えられた資質のいずれについても、自分の内部で育成・発展させることができない。」（１４１〜１４２頁、黒丸による強調は原文）

最初の二点は、慣習的な生き方はそもそも一番良い生き方ではないかもしれず、また他の人には良い生き方でも自分には合っていないかもしれないということです。三点目は第二章で出てきた「死んだドグマ」の話と似ていて、こういうことです。ある人にとっては、ごく普通の生き方が一番良いという場合もあるかもしれない。しかし、いろんな生き方を考えたり試したりした上で普通の生き方に落ち着くならよいけれど、単にそれが他の人々と同じ生き方だからという理由で選ぶなら、その生き方によって得られるはずの人間的成長が十分に達成できない可能性がある、というわけです。

ここからわかるように、ミルは自分の生き方を能動的に選択することが人間的成長のために不可欠だと考えています。この点に関連して、次の箇所も非常に印象的なところですので、引用しておきましょう。

「人生の設計を自分で選ぶのではなく、世間や自分の周辺の人々に選んでもらうのであれば、猿のような模倣能力の他には何の能力も必要ない。

しかし、自分自身で選ぶのであれば、自分に備わる能力をすべて用いなければならない。すなわち、物事を眺める観察力、物事を予測する推理力と判断力、物事を決めるために必要な材料を集める行動力、物事を決める分別力、そして、決めた後には、熟考の成果であるその決定を守り抜く堅固な精神力と自制力を用いなければならない。（……）

人は何をするかだけが重要なのではない。それをする人はどういう人なのか、というのも実際に重要なのである。人が一生をかけて完成させ、磨き上げるべき作品の中で、一番重要な作品はまさしくその人の、人間そのものである。（……）

そもそも人間とは、機械のようなものではない。機械は、ひとつのモデルに従って組み立てられ、あらかじめ定められた通りの作業を行うだけだ。人間はむしろ樹木のようなものである。すなわち、自らを生きた存在たらしめる内部の力の勢いに従い、自分自身をあらゆる方面にわたって成長させ、発展させずにはいられないものである。」（143～144頁）

人間の本性《ほんせい》は機械ではなく樹木のようなものだ（Human nature is not a machine...but a tree）という表現が有名な箇所です。ミルによれば、人間はいろんな形で生えていく樹木のようなものであって、型にはめられた機械のようなものではないのです（144頁）。ここはミルの人間観がよく出ているところで、「存在は本質に先立つ」というサルトルの主張も想起させるところです。サルトルは、人間という存在はあらかじめ役割（本質）が決まって作られているわけではなく、自分自身でそのあり方（本質）を決めていくものなのだ、ということを言っています。[41]

五、多数者による個性の抑圧

次にミルは、昔は活力が溢れすぎていて、「ちょっと個性を削った方がいいんじゃないの」みたいな人がたくさんいたけれど、多数者の専制が進行している現在はそうではない、ということを言っています。

「しかし今日では、社会のほうが個性をかなり圧している。そして、人間性を脅かしているのは、個人の衝動や好みの過剰ではなく、それが足りないことなのである。

事態は大きく変化した。かつては、立場や個人的資質によって強者だった人々は、法律や布告にきまって逆らうことに情熱を燃やした。だから、そのまきぞえを食う人々が少しでも安心して暮らせるようにするには、強者の情熱を厳重に束縛する必要があった。ところが現代においては、社会の最上層から最下層にいたるまで、誰もがみな敵意にみちた恐ろしい監視のもとで暮らしているかのようである。」（１４８頁）

かつては活力があり余りすぎて時の国家や法律に逆らうことが生き甲斐だったような人もいたので、そういう人に首輪を付けることが重要な課題だったが、現在はみな監視されていて自発的に何かを行うのが難しくなっている、と言うのです。現代の日本についても言われそうなことですね。次も同じ調子です。

「現代人が自分に問いかけるのは、次のようなことである。すなわち、自分の地位には何がふさわしいのか。自分と同じ身分、同じ収入の人々は、何をするのが普通だろうか。（あるいはもっと下品な問いだが）自分より身分も高く、収入も多い人々は、何をするのが普通だろうか。」（１４９頁）

英語でスノッブ（snob）という言葉があります。俗物とか似非《えせ》紳士と訳されます。ちょっと階級が上の人の真似をするというスノッブ的な態度を、ミルは問題にしています。

ついでに言えば、ミルのこういう議論もニーチェと似ている点です。ニーチェとミルの共通点の一つは、前講で見たキリスト教批判ですが、もう一つはやはり、この大衆社会批判です。ニーチェは「畜群」や「おしまいの人々」といった表現で、平等や幸福しか求めない一般大衆を批判します。ミルに比べてニーチェの方がより文学的で、表現もどぎついところがありますが、民主主義と大衆社会が到来して、人々が平凡化していくことについての問題意識を二人は共有していると思います。[42]

もうちょっと続けましょう。

「私がここで言いたいのは、現代人は自分の好みよりも世間の慣習のほうを大事にするということではない。現代人は、世間の慣習になっているもの以外には、好みの対象が思い浮かばなくなっているのである。

現代人は、このように、精神が束縛されている。娯楽でさえ、みんなに合わせることを第一に考える。大勢の人にまぎれたがる。何かを選ぶ場合にも、世間で普通とされているものの中からしか選ばない。変わった趣味や、エキセントリックな行為は、犯罪と同様に遠ざける。自分の本性に従わないようにしていると、従うべき本性が自分の中からなくなる。人間としての能力は衰え、働かなくなる。強い願望も素朴な喜びももてなくなり、自分で育《はぐく》み自分自身のものだといえるような意見も感情ももたない人間となる。

はたして、これが人間性の望ましいあり方なのだろうか。」（１４９～１５０頁）

他人に合わせているうちに、いつのまにか自分の自発的な欲求がなくなってしまう、とミルは指摘しています。かくいう私も、「普通の人はこう考えたりこう行為したりするものだ」という普通規範に日々従い、またそれが内面化されているせいで、自分がやりたいことや自分の本性がなくなっているんじゃないかと、ときどき心配になることがありますが、皆さんはどうでしょうか。

六、個性の社会的有用性

ここまでミルは、一般的な人々は個性にあまり価値を認めておらず、慣習的な普通の生き方を他の人々にも強いる傾向があるがゆえに、個性的な人々が独創性を発揮できず抑圧される、という話をしてきました。ミルは続けて、個性が単に当人の幸福にとって有用であるだけでなく、社会にとっても有用だという話をします。

「人間が、高貴で美しい存在として考えられるようになるのは、人々の個性がすべてなくなり、皆が画一化することによってではない。それぞれの個性が、他人の権利や利益を損ねない範囲で、のびのびと育ち、成長することによってである。

人々が個性的であれば、その営みも個性的になるので、同じプロセスを通して人間の生活も豊かで多様になり、活気に満ちる。そして、高次元の思考と高尚な感情に、ますますたっぷりの養分が補給される。そして、人類の一員であることの意義がますます大きくなるので、すべての個人を人類に結びつけるきずなも、ますます強くなる。

個性が発展すればするほど、各人の価値は、本人にとっても、他の人々にとっても、ますます高くなる。自分自身の存在において、ますます活力の充実が感じられ、そして、

個々の単位に活気があふれれば、それを集めた全体にも活気がみなぎる。」（１５３頁）

個性的な人が多いと社会に活気が溢れる、ということです。町内に織田信長みたいな人がたくさんいる社会を想像すると、戦国時代に戻りそうで物騒な気がしますが、右の引用に傍点を付したように、信長のような人が他人の権利や利益を損ねない範囲で活躍してくれると、社会も活気づいて発展するというわけです。

また、独創性（originality）についても、個性的な人が発揮する能力として、ミルは次のように述べています。

「独創性が人間の社会において貴重な要素であることは、誰も否定しないだろう。新しい真理を発見する人、かつての真理がもはや真理ではなくなったことを指摘する人が、必ずいなければならない。しかし、さらにまた、新しいことを始める人、より賢明な生活態度とより洗練された趣味や感覚を示して模範となる人、そういう人もいなければならない。人類はすでに完璧な生活スタイルと慣習を獲得したと思わない人なら、誰もこれを否定できまい。」（１５６頁）

ノーベル医学・生理学賞や物理学賞のように、科学的な真理を発見する人が我々人類にとって貴重であるのと同様に、新しい営み（practice）を始める人も貴重だと言うんですね。スティーブ・ジョブズみたいな人を想像するとよいでしょう。

しかし、みんながみんな個性的になったり独創性を発揮したりするというのは非現実的な話ではないか、個性的なのは一部の人々だけで、多くの人はそんなに個性的にはならないのではないか――。こういうもっともな反論に対して、たしかにこういうことができるのは人類のうちのごく少数だと認めた上で、ミルは次のように述べます。

「しかし、この少数者こそ、地の塩である。彼らがいなければ、世の中は淀んだ沼にひとしい。

彼らは、これまで存在しなかった良いものを新しく導入するだけではない。すでに存在している古いものに生命を与え続けるのも、また彼らなのである。新しく始めるべきことが何もないからといって、知性は人間に必要なくなるだろうか。古い営みをし続ける人は、その意味を忘れ、人間というより家畜のように同じことを繰り返すべきなのだ

ろうか。」（156～157頁）

「地の塩」というのは聖書に出てくる「ソルト・オブ・ジ・アース（salt of the earth）」という言葉を訳したもので、塩のように貴重な存在だということです。このような個性的で新しい真理や生き方をもたらす人々がいるおかげで、社会が停滞せずにすみ、そのことが他の人々にとっても利益となるのだ、とミルは言います。

七、天才を育てる土壌

そして天才（genius）というのも、今まで述べてきた個性や独創性の延長で論じられています。天才に関しても、真理の場合と同じで、やはり自由な環境でのみ伸びていくということをミルは述べています。「天才は、自由という雰囲気のなかでしか自由に呼吸できない」と言うのです（157頁、黒丸強調は原文）。

ところが、凡庸な人たちは天才を褒めながらも、世の中は天才なしでも十分にやっていけると内心では思っている、とミルは指摘します。これは個性の場合と同じですね。皆さんはどうでしょうか。自分が天才でありたいとか、自分の友人や家族、あるいは子どもが天才になってほしいと思うでしょうか。ミルは次のように言います。

「人々の考える天才とは、感動的な詩が書けたり、絵が描ける才能のことであり、そういうものとして立派なこととされる。しかし、その本当の意味、すなわち思想や行動における独創性という意味では、天才は賞賛すべきものではないとされる。たしかに、それを口に出して言う人はいないが、心の中ではほとんど誰もが、そういう天才ならいなくてもいい、と思っている。残念ながら、これはごく自然な考え方なので、少しも驚くに値しない。

　独創性は、独創性を持たない人間にとっては、何のありがたみも感じられないものである。それを持っていれば何の役に立つのか、彼らにはわからない。わかるはずがない。彼らにわかるようなものなら、それは独創性ではないからだ。」（１５９頁）

　野球の天才とか将棋の天才とかなら受け入れられやすいですが、ミルが言うのはルソーとかニーチェみたいな人です。今ならルソーやニーチェを我々はありがたがって読みますが、新たなルソーとかニーチェみたいな人が登場した場合、現在の凡庸な我々には彼らが言うことはおそらく理解できないので、そんな人はいてもいなくてもよいと思うかもしれません。スマートフォンやタブレット端末だって、出てくるまでは想像もつかず、多くの人はそんなものがなくても生きていけると思っていたかもしれませんが、いざ登場して十年も経てば、生活必需品だと思うようになるのです。

別の例で言えば、クイーンの「ボヘミアン・ラプソディ」という曲も、今でこそロックの古典と考えられていますが、当時は曲が長すぎるという理由でレコード会社がシングルカットを嫌がったという有名な話があります。ジェームズ・ブラウンの「プリーズ・プリーズ・プリーズ」も、「プリーズ」ばかり言う歌が売れるはずがないと言ってレコード会社は発売を渋ったそうです。

コロンブスの卵という逸話があるように、後から見れば当たり前のことでも、凡人には事前にはわからないものです。ミルが言っているのは、凡人にはわからないことを行ったり生み出したりするようなこうした人々を、もっと尊重する必要があるということだと思います。

ついでながら、天才的な人は普通と違うので抑圧されがちだ、というのは、現代の日本でもあることかと思います。先ほども少し触れましたが、「ギフテッド」という飛び抜けた才能をもった子どもの教育をどうするかが、日本でも話題になっています。

例えば、新聞で紹介された、小学一年生で知能指数（ＩＱ）が１５４だったという子どもは、三歳の頃に路線図で漢字を覚え、幼稚園では分子や元素の図鑑を読み、小学四年生で英検準一級を取ったそうですが、幼稚園や小学校では他人と違っているため、周りとなじめずに苦しんだそうです。

「算数の答えの求め方は、教えられた以外のやり方はダメ。黒板に書かれた通りにノートに書き写さないとダメ。みんなと同じようにしないと叱られ、泣いて帰宅することもあった。ざわざわした教室にいるだけで疲れ果てた。[43]」

幸い、この子どもは親の働きかけで先生の理解が得られるようになり、登校したい日だけ学校に行くような形にしてもらったそうです。しかし、そのような理解が得られなければ、この子どもは型にはめられて天才的な能力が抑圧される可能性があったでしょう。我々はミルの言う「天才は、自由という雰囲気のなかでしか自由に呼吸ができない」ということの意味を真剣に考える必要があります。

八、変人の重要性

ここで重要になってくるのが、エキセントリックな人々、すなわち変人です。当時のイギリスのように大衆化が進行している民主主義社会では、凡庸な人々による世論が支配的になり、天才や個性を抑圧する方向に働いている、とミルは指摘しました。そしてこういう社会で天才を生み出すには、どんな仕方であれ他の人々と違うことをする人が出てくるのを奨励しないといけないと言います。

「かつての時代においては、人と異なる行動をとるのは、それが普通より優れているのでなければ意味がなかった。しかし、現代においては、大衆に順応しない実例を示すこと、慣習に膝を屈するのを拒否すること、ただ単にそれだけでも意味がある。

世論の専制は、変わった人を非難するものだ。だから、まさしく、この専制を打ち破るために、我々はなるべく変わった人になるのが望ましい。性格の強い人がたくさんいた時代や地域には、変わった人もたくさんいた。そして一般的に、社会に変わった人がどれほどいるかは、その社会で、ずば抜けた才能、優れた頭脳、立派な勇気がどれほど見出されるかにも比例してきた。したがって、現在、あえて変わった人になろうとする

者が極めて少ないことこそ、この時代のもっとも危うい点なのである。」（163頁）

これも大学の正門に掲げておきたい名文句ですね。要するに、一人の天才を生み出すには百人あるいは千人の変人がいないといけない、ということを言っているわけです。天才の数と変人の数は比例する、と言ってもいいでしょう。我々はついつい天才と凡人という二分法で考えてしまいがちです。しかし、世の中には天才と凡人の二種類ではなく、変人という三種類目の人々もいる。この人たちの中からごくたまに天才が出てくるのだから、変わったことをしようとする人を大事にする文化が不可欠だと言うのです。

ミルはここでは進化の話を持ち出してはいませんが、この話は進化論を想起させます。生物進化における変異も、ほとんどの場合は失敗するわけですが、ごくたまに環境への適応度が高い変異をもった個体が現れる。これと同じように、変人がたくさん出てくるような中でしか天才は輩出されない、とミルは言うのです。ですので、天才を生み出したければ、変人も歓迎しないといけないわけです。

それを考えますと、私の所属する京都大学というのは比較的こういう変人に寛容なところとして伝統的に知られています。京大については「自由の学風」というのを皆さんも聞いたことがあるのではないかと思います。例えば「京大変人講座」というのがあって、私の所属する文学部にもこの講座に登壇している人がいます。[44] 同名の本も出ていますので、機会があれば見てみてください。

とにかく、一人の天才を育てるには変人をたくさん育てることが重要だというのがミルの発想です。逆に言えば、変人が多いと困るからという理由で大学当局が締め付けを厳しくすると、変人がいなくなる代わりにノーベル賞受賞者も出なくなってしまうかもしれません。

ミルはセント・アンドルーズ大学の名誉学長になったときの就任演説の中で「大学が道徳的あるいは宗教的影響を学生に及ぼすことができるとするならば、それは特定な教育によるのではなく、大学全体にみなぎっている気風によるのです」と言っています。[45] 気風とか学風というのは重要で、京大もよい学風を失わないように注意しないといけません。これは京大のような高等教育機関だけに限らず、初等中等教育、さらには社会全体の問題として、皆さんにもぜひ考えてもらいたいことであります。

九、個性に不寛容な社会

このように個性の大切さを強調する一方で、多数者の専制による個性の抑圧、あるいは今風に言えば社会の同調圧力は非常に強力であるとミルは繰り返し警告しています。もう少し読んでみましょう。

「現代における世論には、ひとつの特徴的な傾向がある。それは個性を露骨に発揮することには、とくに不寛容であろうとする傾向である。

平均的な人間というのは、大体において、知性も平凡だし、好みも平凡だ。何か普通でないことをしたがる強烈な趣味も願望も持っていない。したがって、そういう趣味や願望をもっている人間を理解することができず、全員を、自分たちがつねづね軽蔑している粗野で節度のない連中の同類と見なす。」（１６８頁）

このミルの引用からわかるように、社会規範から逸脱する人には二つのタイプがあります。一つは欲求や衝動を抑制できず、場合によっては法に反する行為をするような人々で、これは法や道徳によって適切に規制されるべきです。もう一つのタイプは、天才や変人など、他人に危害を加えないが普通の人々とは違う生き方をする人々です。ミルはこの後者のタイプが前者のタイプと同様に「粗野で節度のない連中」と見なされて抑圧されることを危惧しています。つまり、普通でなければみんな不良だ、という発想です。
　この二つのタイプの人々は、実際には変人かつ犯罪者というような、二つの丸が重なる部分もあるかもしれません。個性的だから「普通」の集団からは仲間外れにされ、「不良」集団に入って犯罪に手を染める、というようなケースも考えられます。いずれにせよ、原理的には、他者危害を行う犯罪者から変人や天才を区別して、彼らの居場所がなくならないように注意しなければならない、というのがミルのメッセージだと思います。ミルは次のようにも述べています。

「「誰もしないこと」をすると、あるいは「誰もがすること」をしないと、人は非難される。女性であればなおさらだ。そういう人間は、人の道に反することをしている者のように見られ、侮蔑《ぶべつ》の対象となる。」（166頁）

ミルはこうした「誰もしないこと」をする人々が当時は精神鑑定にかけられたり、あげくのはてには財産を没収されたりする危険性に言及しています。そうした法的な措置には至らない場合でさえ、道徳の名の下に、そうした人々の性格が凡庸なものに変えられてしまう可能性もあります。その先にある社会はどのようなものか、ミルは次のように続けます。

「さて、この一般的な事実に加えて、道徳改善運動が力強く展開され始めたら、どういうことになるか、目をつぶっても先が見えてしまう。

現在、そのような運動は実際、すでに始まっていて、人の行動をますます定型化することと逸脱を抑制することに、かなりの効果を上げている。また、博愛の精神も広まっているが、それはもっぱら、自分の仲間の道徳や分別まで改善したくなるお節介な心を励ます。

このような風潮により、大衆は、かつてのほぼどの時代よりも熱心に、行為の一般的なルールを定めたがり、そして、良しとされる規範にすべての人を従わせようと努める。良しとされる規範というのは、明示的なものであれ暗黙裡のものであれ、何ごとにも強い願望を抱かないことである。

人間の性格で理想的なのは、何ら目立った性格をもたないことだとされる。すなわち、ひときわ目立って、その人を普通の人とはっきりと違った人にしてしまいそうな人間性の部分はすべて、中国の貴婦人の足のように、きつく縛って萎縮させるのが良いとさ

れる。」（168〜169頁）

平凡な人々は、普通の生き方から逸脱する二つのタイプの人々の違いを区別できず、お節介にもそうした人々をどんどん型にはめこんで、同じ行動をさせようとし、そしてそれこそが道徳や倫理だと主張する――道徳や倫理について悪いイメージを持っている人は、こういう個人の自由を抑圧する社会規範こそがまさに道徳とか倫理の正体だと思っているのではないかと思います。ミルの倫理観について詳しくは『功利主義論』を読む必要がありますが、彼は功利主義の観点から、こうした抑圧的な社会規範に批判的だったと言えます。

十、ヨーロッパの「中国化」と多様性の喪失

ところで、中国の纏足《てんそく》の話が先の引用に出てきました。東洋、とくに中国が西洋にとっての他山の石として取り上げられることがときどきあります。ミルもまた、中国が過去には科挙制度を始めいろんな優れた制度を作った非常に素晴らしい文明国家であるにもかかわらず、なぜ停滞してしまったのかという問題意識から、次のように述べています。

「かつて中国人は、多くの才能に恵まれ、また、いくつかの点では知恵にも恵まれていた。それは大昔に、極めて優れた慣習があったという、まことにありがたい幸運のおかげで授かったものである。この慣習は、最も進んだヨーロッパ人でさえ、一定の留保つきであれ、賢者や哲人と認めざるを得ないような人々によって作られたとも言える。

　中国人はまた、機構の優秀さという点でも注目に値する。つまり、最良の知恵を国民全員の心に、できるだけ深く刻み込むための仕組み、そして、その知恵を最もたくさん身に付けた者に、名誉と権力の座を与える仕組みがあった。

　そういう仕組みを作った民族は、人間の進歩の秘密を発見していたはずだ。したがって、世界の動きの先頭にそのままずっと立ち続けられたはずである。

　ところが、実際には逆に、中国は停滞してしまった——そして、何千年も停滞したままである。だから、もしそこで改革が行われるとすれば、それは外部の人間によるものでなければなるまい。

　中国人は、イギリスの博愛主義者たちが今熱心に追求していることを、このうえなく理想的に成功させたのである——すなわち、国民全員を画一化すること、国民全員の思考や行動を同一の原理とルールで統制すること、これに成功した。その結果が、今述べ

たような中国の現状なのである。」（174〜175頁）

ミルが言いたいのは、伝統だけを重視し個性や自由を尊重しないと中国のような停滞した社会になってしまう、ということです。この中国理解が正しいかは中国史研究者に任せたいと思いますが、いずれにせよミルは、このままだとヨーロッパでも人々の画一化が進んで、社会が停滞してしまうのではないかと危惧していたのです。

十一、フンボルト――自由と多様性

またミルは、『自由論』の冒頭で、ヴィルヘルム・フォン・フンボルトの引用をしています。さて、ここでクイズです。フンボルトと言えば、何をした人でしょう。以下から間違っているものを一つ選んでください。

(1)フンボルト・ペンギンの命名をした人
(2)ベルリン大学を作った人
(3)『国家活動の限界』を著してミルに影響を与えた人

間違っているのは(1)です。フンボルト・ペンギンはフンボルトの弟で博物学者のアレクサンダー・フォン・フンボルトが命名しました。兄のヴィルヘルム・フォン・フンボルトは、ドイツの首都ベルリンにベルリン大学（戦後にベルリン・フンボルト大学に改称）を作った人で、大学教育に関するいわゆる「フンボルト理念」というのが有名です。フンボルト理念というのは研究と教育の合致というか、優れた教育をするには教員も最新の研究をやっていないといけない、研究と教育を一緒にやる大学がいいんだ、という彼の発想のことを指します。[46]

それまでのヨーロッパの大学が法学者や神学者のような専門職を育てる機関になっていたのに対して、専門職の技能というのは大学を出てから身に付けることであって、大学の使命は教養ある市民を作るための教育をするところだ、という発想は、ミルも『大学教育について』において引き継いでいる考え方であります。

ちょっと脱線しましたが、ミルはそのフンボルトの『国家活動の限界』（執筆は一七九二年頃、公刊は一八五一年）という著作を引きながら、次のように述べます。

「ドイツの政治家フンボルトの言葉は本章ですでに引用したが、その中で彼は、人間の画一化を防ぎ、人間を発展させるために、二つのことが必要だとしている。自由であること、境遇が多様であること、この二つである。

イギリスでは、その二つ目の条件、境遇の多様さが日に日に失われている。さまざまに異なる環境が、それぞれに階級や個人を取り囲み、その中で生きる階級や個人の性格を形作るのだが、これらの環境が今や日ごとに同化しているのだ。以前は、身分や地域や職業が違えば、まさしく住む世界が違っていた。ところが今では、身分や地域や職業が違っても、住む世界は大体同じになっている。」（１７７頁）

個性的な人材を生み出すためには、自由な社会であるだけでなく、育つ環境が多様であることが望ましいと考えられるのに、そういう生活環境の多様性は当時のイギリスでは失われつつあり、画一化が進んでいる、とミルは指摘しています。これは現在の日本やグローバリズムの進む世界でも同じだと思う人もいるかもしれません。続けてミルは次のように述べています。ここは非常に印象的な箇所です。

「以前との比較で言えば、今ではみんなが同じものを読み、同じものを聞き、同じものを見、同じところに行き、同じ希望を抱き、同じことを恐れ、同じ権利と自由を持ち、そしてそれを同じ手段で主張する。立場により大きな違いがあるものも残ってはいるが、なくなってしまったものに比べれば、それはゼロに等しい。

画一化の傾向は現在も進行中である。

現代の政治の変化全体がこの傾向を促進している。なぜなら、それはすべての下層の地位を高め、上層の地位を低めようとするものだからである。

教育の普及全体がこの傾向を促進している。なぜなら、教育は人々を共通の影響下に置き、人々を事実と感情の共同貯蔵庫に導くものだからである。

交通手段の進歩がこの傾向を促進している。なぜなら、互いに遠く離れたところに住む人々同士が交流できるようになるし、ある地域から他の地域へ移り住むのも迅速簡単にできるようになるからである。

商工業の発達がこの傾向を促進している。なぜなら、安楽な生活の良さがますます広くゆきわたり、最高の地位を目指しての競争さえ一般参加が可能となるために、上昇志向の欲望がもはや特定の階級だけでなく、すべての階級の性格となるからである。」（1

78頁）

民主主義社会における政治と教育の平等、また産業革命の進展による交通の進歩や商工業の発達が、人々の同質化を進めているという指摘です。さらに、このような人々の画一性を推進するさまざまな社会的状況に加えて、世論の力も個性の抑圧に大きく影響するとミルは述べています。

「以前であれば社会的地位が高い人は、その地位の高さに守られて大衆の意見など無視できたのに、そうしたさまざまの社会的地位が次第に平準化している。また、大衆が何らかの意志を積極的に示すようになると、現実的な政治家は、大衆の意志に逆らってでも何かするという発想そのものをだんだん抱かなくなる。こうして、大勢《たいせい》に順応しない態度を良しとするような社会的勢力は存在しなくなる――すなわち、数の支配に反対し、大衆と異なる意見や好みを持つ自分を断固として守りたいと考える勢力が、社会の中に実質的に存在しなくなるのである。」（179頁）

人々が平等になり、政治家が市民の意見に耳を傾けるようになること自体は決して悪いことではありません。ですが、ミルはその副産物として人々の多様性が失われてしまうことを懸念しています。そして「普通」が当たり前になり、普通でないことが非難されるようになるのです。ミルの表現で言えば、「その〔画一的な〕生活スタイルからの逸脱はすべて、不信心、不道徳、さらには醜悪で、人間の本性にそむくもの、とさえ考えられるにいたる」（180頁）ということです。第三章の末尾でミルは次のように述べています。

「個性の大切さを主張すべき時があるとすれば、今がまさにその時である。今はまだ強制的な画一化が完成するには多くのものが欠けているからだ。個性の破壊に対する抵抗は、初期の段階でのみ成功の可能性がある。（……）人間は、多様性になじんでいても、そこからしばらく離れているとすぐに、多様性をイメージすることすらできなくなるものなのだ。」（180頁）

人々の画一化が進むと、そうでない状態が想像できなくなり、その状態から抜け出すことは非常に困難になるということです。

十二、「普通規範」の批判

ここまでが『自由論』第三章の話になります。第三章では、人々の個性というのが当人や社会にとっていかに重要であるか、しかしその個性が当の社会によっていかに抑圧されているかが力説されていました。そして、個性の発展のためには個人の自由を最大限認める必要があり、それを通じて民主主義社会において失われがちな人々の多様性を維持することが何より大事だという主張がなされていました。

私が興味深く思うのは、現代の日本にもあるような問題をミルが早くから指摘していたということです。今日の日本では、社会や経済の停滞を打破するためにイノベーションを起こさないといけないといったことが主張されます。しかし、その一方で「普通がよい」「変人はダメ」という強い社会規範が手付かずのまま残っているように見えます。だとすれば、いくらイノベーションの旗振りをしても、思ったような結果は出せない可能性があります。

第三章におけるミルの主張を一言で言えば、ミルは「普通規範」を批判した、と言うことができます。ここで言う普通規範とは、「他の人と違うことは道徳的に悪いことで、他の人と同じであることは道徳的に善いことだ」という社会規範を指します。ミルが多数者の専制を批判し、個性の重要性を説いた背景には、このような社会規範に対する批判的な視点があり、これが現代にも通じるミルの『自由論』の重要な論点の一つだと言えます。

このような規範に対して、ミルは（私の言葉でまとめると）「他人と違うことはそれ自体は道徳的に悪いことではなく、他人に危害を加えない限りは、むしろ善いことである。変人や奇人でさえ、その存在のおかげで天才が生まれる土壌が用意されるのであれば、社会にとって有益な存在である」と考えたと言えます。

例えば、先にも言及しましたが、Apple社でマッキントッシュやiPhone、iPadなどを開発したスティーブ・ジョブズとか、ロック音楽を革新したジミ・ヘンドリックスは天才と言って差し支えないと思いますが、そうした成功した事例だけを見るのではなく、こうした人々がさまざまな「生き方の実験」をすることができた土壌についても考える必要がありま す。こうした革新を起こす人々はほんの一握りですが、ジョブズやジミヘン以外の人々はすべて凡人であるわけではなく、その他にも多様な奇人変人が社会に存在したはずです。普通規範が強すぎて彼らを締め出してしまうような社会では、天才が生まれることは望めないのではないかと思います。

少し長くなりましたが、まだ十分にミルの話の面白さが伝えきれていないように思うので、ぜひ皆さん自身でも『自由論』の第三章を読んでもらえたらと思います。

十三、学生の意見

さて、ここで少し学生の意見を紹介してみましょう。まず、「普通」について。この言葉については、皆さんさまざまな経験と意見があるようです。

「周りと違うことを悪いことだと考えるというのは、「恥」の文化と言われるように日本に特有の考え方なのかと思っていました。そのため、ミルが指摘するようにヨーロッパでもその考えがあるというのに驚きました。高校生の頃、図書委員会の企画で「変わっていると言われてどう感じるか?」というアンケートをとったところ、半数以上が「あまり嬉しくない」という回答でした。「変わっている」という言葉を褒め言葉として受け取れるかどうかに、「社会が変わっていることを好意的に受け止める」と想定しているかどうかが関係しているのではないかと感じます。」

「「普通」という感覚は今や我々の中にしみついてしまっており、なかなか抜き取ることができないのだと思わされた経験がある。別の講義で「日本語の一人称」について発表することがあったのだが、例えば「俺」という一人称を説明する際に、「普通は」男性が用いる〜、というような表現をついしてしまった。しかし指摘を受けて、この「普通」という言い方はその対面に「異常」を想定して排除するような言い方であって、そうではない個性的なあり方というのを暗黙のうちに否定しかねない表現であると気づいた。」

そうですね、「変わっている」と判断されたくない、と思うのは、普通規範が内面化されていると考えられます。また、「普通ではなければ異常である、だから普通でないことはよくない」というのも普通規範の発想だと言えます。先に説明したように、「普通規範」という社会規範から外れる人は、欲求や衝動を抑制できずに節度のない行為や犯罪をしてしまうタイプと、他人に危害は加えないが変わった行為をする人や天才のようなタイプの二種類があるというのがミルの主張なので、この区別についてどう明確に線引きできるかを検討しなければいけません。これは次の第四章の主題でもあります。続けていくつか紹介しましょう。

「「普通に」は俗に若者言葉であると言われたりしていると思いますが、私もこの言葉は使用するのが危険な語彙だと思います。親からよく普通の大学生らしいことをしなさい、と言われていて、それが嫌だった記憶があります。個性が尊重される社会のためには、マイノリティの存在を常に想像しながら発言することが必要だと私も思いました。」

「自分自身が幼い時からずっと考えてきたテーマであり、とても興味深かった。今は多様性の時代だ、個性を大事にしようという風潮が社会全体に広まっている。その風潮とこの若者言葉「フツーに」は逆行しているように思える。個性を大事にと言いながらフツーが気になる、この現象をミルは百六十年以上も前に予見していたのがすごいと思った。また、最近はSNSの普及が個性の埋没化により輪をかけているのではないかという感覚が個人的にある。SNSは一人一人が何をしているか、その「個性」を思う存分表せる場所だと思うのだが、なぜかみんなが行った場所に行って、バズった物を買って、と、SNSを深く利用すればするほど顔のない大衆の一人になっていくような感じがする。」

「ミルや他の人の話を聞いて、私はほんとうに幸福を追い求めてはいないのではないかと考えるようになった。なんとなく、「しておいた方がいいな」と思った勉強を最低限だけして、家の近くにあり、一般的に「素晴らしい大学」の京都大学に入って、そのほかの時間は大衆娯楽に費やしてきた私の人生はそれなりに楽しい。伝統や慣習ではないが、世間の潮流に身を任せていると言える。けれど、ふとした瞬間に何もかもがつまらなく感じることがある。私はこの状態こそが「幸福でない」ことの現れではないかと思った。」

皆さん、「普通規範」がすっかり内面化してしまっていて、その規範に従うことが幸福につながるとぼんやり考えて生きてきたのかもしれませんね。今後はぜひそういう規範に従うことが本当に幸福と言えるのかをよく吟味して、できればいろんな生き方の実験をしてみてもらえたらと思います。

次に、私の所属する大学を宣伝することになり恐縮ですが、自由の学風がモットーの京都大学に入ってよかったという意見を紹介します。

「ミルは幸福の一要素として各人の個性を殺さないことを説いている、ということを本講義で学んだ。この考え方に自分は大いに賛成である。自分は変わっているヤツとして扱われてきて長いけれども、変人は重要だと言い切ってくれているミルに救われたし、そもそもこの京都大学に変なヤツがいっぱいいるおかげで自分も自分に価値を見出すことができるようになってきて、この大学を選んでよかったとも思えた。今後もこのミルの姿勢を見習いたい。」

「大学の中では、特にミルの考え方が大切なように思いました。起業する人、スポーツに真剣に取り組む人、勉強する人、旅に出る人、休学する人、いろいろな人がいてそれが許容されるような大学でこれからもあってほしいです。そしてそのような人を白い目で見る（ミルはそれ自体は構わないとしていましたが）というよりも、温かく見守ることが大切だと思いました。」

京大に限らず、大学に入るまで普通規範が強くて苦労したという人は多いのではないかと思います。ロックの歴史では、ジャニス・ジョップリンが地元テキサスの高校や大学で周りとなじめず、多様性を尊重するサンフランシスコに移って花開いたとか、「自分の歌を歌いなさい、誰も一緒に歌ってくれなくても」（Make Your Own Kind of Music）と歌ったキャス・エリオットなどが思い出されるところです。また、貧しい家庭だったので母が作ってくれた色とりどりのつぎはぎのコートを学校に着ていったら、みんなに笑われたけど自分は誇りに思っていたというドリー・パートンの歌（Coat of Many Colors）も感涙ものですよね。変わっていることに寛容な社会でありたいものです。

なお、変わった人を白眼視《はくがんし》することについては、たしかにミルは、個人レベルでは自分が愚かだと思うような人と付き合う義務はないと言っていますが（第五講参照）、大学や社会全体としては、多様な生き方を許容し応援するような環境、「人と違うことは善いことだ」という雰囲気を作ることが重要だと思います。

他にも、京大以上に自由な高校で育ったとか、京大でも変人扱いされて苦労したという声もありました。京大もこれからはより一層力を入れて、変人育成に邁進してもらえたらと思います。

「私は個性豊かな人が集まる高校（変人の多さは京大をはるかに上回っている気がしま

す）の出身で、その普通じゃない人たちから受けた刺激で自分もかなり成長できたと思っているので、個人的にはミルの言うことに納得しました。」

「京大に来た時、どんな感じにいろいろな人がいるのかな、と思って心を躍らせていた記憶がある。もちろん個性的な人もいて破天荒だなぁと思いつつ、逆に規律や世間的に順当とされる将来を望む人たちもいる。自分が自由な校風の学校出身のため、不思議な自分をしっかり持った人、という扱いを受け新鮮だと感じた。しかし変と扱われるということはなかなかしんどく、いじられる対象であったり逆に疎外感や孤立感を覚えたりすることもしばしばであった。自身のこの経験から、皆の個性を生かすためにはやはりその人自身を受け止めて意見が異なってもしっかり対話していくこと、お互いに認め合うことが大事なのではないか、と感じる。」

また、個性や天才の重要性については、ミルに全面的に賛成という意見と、個性の重視を言いすぎるのも問題ではないかという意見の両方がありました。いくつか見てみましょう。まずは賛成の意見です。

「ミルが、新たな真理の追究のみならず、新たな営みを始める人、人間生活における趣味やセンスの良さを兼ね備えた人の存在を重要とみなしている点に驚いた。やはり、魅力的な個性を育むためには学問的な追究に留まらず趣味の追求が必要不可欠であり、各々の個性の追求が社会全体を活性化する契機となる。そのことをミルが哲学書の中で改めて説いていることに真新しさを感じ、その妥当性には感心させられた。」

「現代の日本社会では個性を尊重すべきだ！とみな表向きには言っているが、実際には管理・統制のしやすさのために個性を持たない人が好まれているのでは？　と感じるところが多くある（就活では自分らしさを求めてくる企業も多いが面接はスーツ指定・派手なメイクや髪型はダメなど）。しかし集団になってなにか新しいモノを生み出そうとするとき、様々な考え方の人がその集団に属しており、なおかつ皆が自分の考え方を出しあえるという状況は高い成果につながると思う。自分自身も自分とはちがう考えの人と接することで新しい発見をすることも多いため、無意識のうちに壁を作らないように心掛けたい。」

たしかに、現代の日本社会では、個性重視を唱える一方で、「社会人としての常識」という型で、普通規範を存続させているとも言えるかもしれません。最近はましになってきましたが、飲み会の一杯目はビールを注文しないと白い目で見られるような文化ですね。飲み会と言えば、私の研究室には、居酒屋で一杯目からメロンクリームソーダを頼んだ学生がいます。その後も三杯目までメロンクリームソーダを注文し続けていました。そういう注文の仕方に「普通ではない」と眉を顰《ひそ》めるのではなく、面白がる文化が大事だと思います。

続いてミルに批判的な意見です。

「ミルが第三章において「慣習的なもの以外に何か好みを持つということが、人々の頭には浮かばなくなっているのである」と述べている部分を読んだとき、自分のことを言われているように思えてどきりとしました。確かに社会が発展するほど人々の慣習や好みが画一化されていく事態は現在においてもあるように思います。その一方で、たとえ表面的には同じ慣習や好みを持っていても、その経験に対する個人の解釈は違うように、内面における多様性は存在すると思うのですが（自分としてはそう信じたいのですが）、それはミルの言う個性になるんでしょうか、どうなんでしょう。」

「ミルは人々の個性が抑圧され、社会が均一化していっていると主張しているが、そのように社会全体の傾向が全員に当てはまるような言い方をすること自体、一人一人の個性を見ていないように感じた。現代でも、普通から外れないように周りに合わせてしまう傾向があるとよく言われるが、全員が同じ性格、同じ趣味をもっているわけではないので、個性が抑圧されているとまでは言えないのではないかなと思う。自分の考える「普通」とは異なる行動をする人を異常だとして非難したり排斥したりするのはよくないと思うが、無理に周りと違った行動をする必要もないのではないかと思った。」

もちろんミルは「人々を強制して個性的にしよう」と主張するわけではなく、あくまで個性が育ちやすい土壌を確保することが重要だと考えていました。それでも、個性を強調されることに息苦しさを覚える人もいるかもしれません。

また、他の国から見ると日本人は同質性が高いように見えますが、よく見ると前髪の種類とか制服の着こなしなどの微妙なところで違いを出そうと意識しているといったように、外から一見してわかるほど人々は画一的ではない、という意見ももっともかと思います。ミルもこの点は同意してくれそうです。しかし、だからこそ、人々に伝統的・慣習的な生き方ばかりを強制していてはいけない、とミルは考えています。彼は次のように述べています。

「人間は羊ではない。そして、羊でさえ、ほかと区別がつかないほど、どれも同じではない。

人間は上着であれ靴であれ、自分の寸法どおりに作ってもらうか、倉庫いっぱいのなかから選べるのでないかぎり、自分にぴったりのものは得られない。それなのに、ひとつの生活に自分をあわせるのは、ひとつの上着に自分をあわせることよりも簡単なのだろうか。また人間の心身の構造全体は、それぞれの足の形よりも違いが少ないのであろうか。人の趣味がそれぞれ異なることだけを理由にしても、すべての人間を同じ型にあわせようとしてはならないと言えるはずだ。」（１６４頁）

羊でさえよく見れば違いがあるのだから、いわんや人間には見えるところだけでなく見えないところにもいろいろ違いがある、というのはミルも認めるところです。

英語にはワンサイズ・フィッツ・オール（one-size-fits-all）という表現があります。日本語ではフリー・サイズと表現しています。この誰でも着られるサイズの服というのは便利ではありますが、同じように我々が選べる生き方が一つしかなかったとすれば、ミルは感心しないだろうと思います。

皆さんが街によくあるファストファッションのお店に入ったと想像してください。そこにはいくつか種類はあるものの、基本的に出来合いの服しかありません。そこから自分の気に入った服を選ぶのであれば、皆さんはそれほど問題ないと思われるかもしれません。私も服に関しては割と平気な方です。しかし、これから一生そのお店でしか服を買えないとなると、さすがに不満に思うのではないでしょうか。オーダーメイドの服がよいとか、中には自分が着る服は自分で作りたいと思う人もいるだろうと思います。

では今度は、服ではなく自分の生き方についても、同じようにそのような出来合いのものからしか選べない社会だったとしたらどうでしょうか。心身ともに各人は少しずつ違うのに、誰かが作ったレディメイドの生き方からしか生き方を選べないような社会は、やはり望ましくないと、皆さんも考えるのではないでしょうか。

ミルはそのように考え、「したがって、人々の生活様式にもそれ〔人々の多様な違い〕に対応した多様性がなければ、人々は自分が得るにふさわしい幸せを得ることができない。」（165頁）と強調するのです。

ミルに批判的な意見をもう一つだけ見てみましょう。

「「天才を押さえつけて潰してしまわないようにするべきだ」という風潮があるが、教育などで押さえつけても独創性が潰れない人のことを天才というのであって、潰れてしまうのであればその人は単に「天才っぽい人」であるということなのではないのかと思う。個性の抑圧には私も反対だが、個性を出そうと無理をすると「百万遍《ひゃくまんべん》でコタツを出す」という風に間違った方向へといってしまいかねないので、個性の抑圧（またその尊重）に関しては中庸が大事なのではないかと思う。」

たしかに、先にも紹介したように、ギフテッドと言われる特殊な才能を持っている人を潰してしまわないように注意しようということが日本でも言われるようになってきました。ですが、「潰そうとしても潰れない人だけが天才なのだ」という意見は、第二章の言論の自由の真理の抑圧の議論と同じ構造になっているので、本当にそう言えるのかどうかはよく検討する必要があります。

美しいバラは肥料も水もやらなくても咲いてくるはずだ、そうでなければ美しいバラとは言えない、とは我々は言わないのではないかと思います。天才なら普通規範がいかに抑圧的でもそれを乗り越えて出てくるものだ、と言うのは、あまりもっともらしく思われません。むしろ、変人がたくさん集まりやすい場所を用意してやっと、ときどきノーベル賞級の天才が出現する、というイメージの方が合っているのではないでしょうか。京都大学もそういう場所であってほしいものです。

また、「百万遍でコタツを出す」というのは、二〇一八年、京大生が百万遍という京大の吉田キャンパスの北にある大きな交差点のど真ん中にコタツを出して居座ったという事件のことです[47]。これは本人たちだけでなく交通事故によるまきぞえも考えられるかなり危険な行為なので、ミルは（また、ミルでなくても）他者危害原則から規制が正当化されると考えるでしょう。

ただ、この件に関してはたまたま警察関係の方と話す機会があり、その方は次のように言っていました。「もちろん危険行為なので取り締まりはしますが、子どもが考えそうなことを大人になってから本当にやってしまうのはさすがに京大生ですね。」

天才は変人の一種で、変人はどうしても社会の常識からはみ出してしまうものです。今後も京都大学に必要なのは、学生や教員の自由をできるだけ尊重して奇人・変人を歓迎する雰囲気を維持しつつ、他人に危害を与える場合に限りきちんと対処するというバランス感覚だろうと思います。もちろんこれは他の大学にも、また社会全体についても言えることです。

他にもたくさん面白い意見があり、ミルの『自由論』第三章の内容が現代の学生にもよく響くものであることがわかります。皆さんもぜひ周りの人と議論してみてもらえたらと思います。

最後に、哲学者の鷲田清一氏の「折々の言葉」で言及されている、人権ポスターの文言を紹介して第四講を終わりたいと思います。

「わたしの「ふつう」と、あなたの「ふつう」はちがう。それを、わたしたちの「ふつう」にしよう。」

これについて鷲田氏は、「普通教育、普通選挙といわれるように、「普通」はかつて、身分による限定を外すものとして、とてもまぶしいことばだった。それがいつ頃からか、等《ひと》し並みの、これといった特徴のない凡庸なものという意味へと裏返ってしまった」とコメントを付けています。[48]

たしかに現在では、「普通電車」と言えば急行電車と違って各駅に停まる特徴のない電車、普通郵便と言えば速達と違ってなかなか宛先に届かない郵便といったように、「特別ではないもの」という意味で用いられています。しかし、普通の意味がそのように変わってしまった後でも、相変わらず「普通であるのは善いことだ」という普通規範が強いため、人と違うことに誇りを持つのが難しい社会になっているのだと思います。

もしミルがこのポスターを見たら、おそらくこれに同意し、人と違っていることが「ふつう」である寛容な社会を作ることで、個人が自由に各人の個性を追求し才能を発揮できる社会になると述べたことでしょう。

コラム④　女性の自由

『自由論』の第三章には、「「誰もしないこと」をすると、あるいは「誰もがすること」をしないと、人は非難される。女性であればなおさらだ。そういう人間は、人の道に反することをしている者のように見られ、侮蔑《ぶべつ》の対象となる。」（１６６頁）という、女性が男性以上に抑圧されていることを示唆する一節があります。ミルは若い頃から男女同権論者でしたが、ハリエット・テイラーと出会ってからさらに深く女性の権利の問題を考究するようになります。

彼は『自由論』の完成後、まもなく『女性の隷従』という著作を出します。[49]『女性の隷従』は『自由論』の主題を女性問題に当てはめた続編として読むことができます。少しだけ内容を紹介しましょう。

当時のイギリスの女性は、結婚すると財産はすべて夫のものとなり、家事と育児に専念することが求められ、夫から虐待されても法的に保護されず、離婚することも困難でした。

また、女性は高等教育を受けられず、議員になることも選挙で投票することもできない状況でした。多くの人はそれが当たり前で「自然の摂理」だと考えていましたが、ミルはこうした考えが誤りであると論じ、結婚における不平等を是正するとともに、女性にも自由を認めるべきだとして、次のように主張しました。「近代の信条は、個人に直接利害関係のあることはその人自身の判断にまかせておくのが一番いい方法であって（……）政府がかれこれ干渉するのは結局有害だというものである。（……）もしこの原則が真理であるとするなら（……）、男に生まれないで女として生まれたからといって、それでその人の一生の地位を定めてはならないし、またそのことによって高い社会的地位につくのを禁止したり、（……）種々の高い職業に従事することを制止したりしてはならない」[50]。

今日の日本では、法的な男女平等はほぼ実現しているため、ミルの主張は古びて聞こえるかもしれません。しかし、女性は慣習的な生き方を求められ、個性的な生き方をするとより非難されるという問題は、実社会においては引き続き大きな課題であると思われます。

第五講

自由はどこまで許されるか

『自由論』第四・第五章

1873年「ヴァニティ・フェア」誌に
掲載されたカリカチュア。
男女同権論者だったミルを
“フェミニンな哲学者”と揶揄している。
写真：Universal Images Group/ アフロ

一、自由主義の諸原則

第五講では、ミルの『自由論』第四章「個人に対する社会の権威の限界」という章を中心にご紹介します。この章では本書の主題とも言える他者危害原則について詳しく論じられており、全体の構成からすると第三章と並んで、あるいはそれ以上に重要な章だと言えます。

ここまでの話をもう一度簡単に振り返りましょう。第一章では「多数者の専制」が個人の自由の脅威となっているという現状認識が示され、個人の自由を守るには他者危害原則が重要であるという見通しが示されました。第二章では言論の自由が取り上げられました。この章はそれ自体でも面白いのですが、あくまで自由を擁護する議論の雛形を提示するための章でした。したがって、本書の議論全体の中では、いわば前菜にあたるようなものだと思います。その次の第三章では、個人や社会の幸福のためにいかに個性が重要かという話が情熱的に語られました。前講で見ましたように、この章も非常に面白く、また、自由を最大限尊重しないと人間が画一化されてしまうという論点は言論の自由の議論を超え出た新たな論点であり、自由を尊重すべき重要な論点を付け加えていると言えます。とはいえ、第三章は主に個性の価値について論じており、自由そのものは脇役としてしか登場していないと言えます。

第四章が『自由論』の中でおそらく一番重要な章だと言えるのは、本章では「個人の自由の限界をどこで線引きするのか」という、第一章で提起された問いに戻ってくるからです。ミルの言葉で言えば、次のようになります。

「それでは、個人が自分自身のことで、ここは完全に個人の権限といえる範囲はどこまでだろうか。社会の権威はどこからものを言い始めるのだろうか。人間の生活のうち、どれだけの分が個人に割り当てられ、どれだけの分が社会に割り当てられるべきなのだろうか。」（１８２頁）。

ここまで読み進めてきた皆さんは、この問いの重要性がよくわかるのではないかと思います。

もう少し読んでみましょう。ミルは、社会で生きている限り、我々は他人に対する一定の行動規範を守らなければならないと述べ、次のように言います。

「その行動規範とは、まず第一に、互いに相手の利益を侵害しないこと。くわしく言えば、法律の明文もしくは暗黙の了解によって相手の権利とみなされるべき利益を、侵害しないことである。第二に、社会とその構成員を危害や攻撃から守るため、それに必要な労働や犠牲を（何らかの公平の原則にもとづいて）全員で分担することである。

社会は、当然、これらの義務を全体に強制してよい。それを守ろうとしない者に対しては、どんな手段を用いてもよい。」（183頁）

このようにミルは言います。第一の行動規範、つまり互いに相手の利益を侵害しないことが他者危害原則の主要な部分だと言えますが、第二の行動規範、つまり社会や構成員を危害から守るために公平なコストを払わないといけないというものも、ミルは他者危害原則の一部と考えていたことがわかります。

さらに続けて、ミルは社会が個人に対して行ってよいことはもう一つあると言います。

「個人の行為は、法に定められた他人の権利を侵害するまでにはいたらなくても、他人を傷つけることがありうるし、他人に対する思いやりを欠いたものであることもありうる。そういう行為をした者は、法律によって罰せられなくても、世論によって罰せられ

てよいのだ。」（183頁）

権利侵害とまでは言えなくても、例えば誹謗中傷のように人を不必要に傷つけるような発言は、世論つまり社会的な制裁によって罰してよい、とミルは言います。しかし、インターネットの普及した今日では、この世論による制裁というのは恐ろしく強大なものになる可能性があります。これも世論の専制に当たるんじゃないんですか、とミルに問うたら、いやいや、他人を傷つけた場合にそれを世論によって批判することは正当なのだ、と答えるとは思いますが、このような社会的制裁をどうやって適切にコントロールするかという未解決の問題があるように思います。

最後に、ミルは残された領域として、自分の利益のみが関係し、他人の利益が関わらない個人の領域について、次のように述べます。

「個人の行為が当人以外の誰の利益にも影響を及ぼさないなら、また、相手の人（成人で、普通程度の理解力がある人）が望まないかぎり相手に影響を及ぼさないなら、そのような問題〔他人の利益を害するという問題〕は出てくる余地もない。こういう場合には、個人は完全に自由であり、好きなことをして、その結果の責任を自分で引き受ける自由が、法的にも社会的にも認められなければならない。」（１８４頁）

このような形でミルは個人の自由の限界、あるいは個人に対する政府と社会の権威の限界を線引きしようとします。これがミルの自由論、あるいは一般に自由主義（リベラリズム）の根幹にある発想です。本書の最初の方で「『自由論』こそ、現代の基軸的な著作」だとする加藤尚武氏の言葉を引用しましたけれども、その理由は、次の４つの規則からなる他者危害原則というのが今日の自由主義の基礎になっているからだと言えます。もう一度この原則を、簡単に私の言葉でまとめておきましょう。

他者危害原則の四つの規則

⑴互いの権利を侵害しないこと
⑵社会や構成員を危害から守るために公平なコストを払うこと
⑶他人の心を傷つける行為（権利侵害とまでは言えない行為）は法ではなく世論によって罰してよい

⑷他人に危害を与えない行為は、個人の自由を尊重すること

ミルは第一章で他者危害原則を「極めてシンプルな原理（one very simple principle）」と表現していましたが、詳しく見ると、このようにいくつかの要素に分かれていることがわかります。

二、パターナリズムと選択的夫婦別姓

ミルは先ほどの四つ目の規則、つまり他人の利益を害していなければ成人した人は自由にしておくべきである、ということを次のように力強く論じています。

「人間は一人であれ多数であれ、他の成人に向かって、あなたは自分の生活で自分がやりたいことを自分の都合でやりたいようにやってはならない、と言う権限などない。人が幸せに生きることに一番関心があるのはその人自身である。その人を愛する気持ちがよほど強い場合を除けば、他人がその人について抱きうる関心は、当人自身のそれに比べれば取るに足らない。社会が、個人としての人間についてもつ関心は（その人の

社会的な行為に関するものを除けば）微々たるもので、しかもまったく間接的である。」（185〜186頁）

ミルはここで、本人のためになるからという理由で強制したり禁止したりするパターナリズムは許されないと主張しています。パターナリズムとは、第二講で説明した通り、本人の利益になるからという理由で、行為を強制したり禁止したりしてもよいとする立場です。これに対してミルは、結局のところ、周りの人や政府は、当人ほどにはその人の幸福についてよくわからないし関心もないのだから、他人の利益を侵害しない限りは、個人の自由に任せておくのが一番だ、と主張するのです。

例えば選択的夫婦別姓の議論を考えてみましょう。今、あるカップルがいるとして、話を簡単にするために子どもは作らないと決めているか、あるいは何らかの理由で妊娠可能性がないと仮定しましょう。この二人は、「法律的に夫婦別姓も選択できるようにしてもらうのが自分たちにとって一番よい」と考えているとします。社会はそれでも名字を一つにするように強制すべきでしょうか。皆さんはどう考えますでしょうか。

(1)名字を一つにするよう強制すべきである。
(2)そのカップルが自由に選べるようにすべきである。
(3)わからない、その他。

ミルなら(2)だと言うでしょう。ミルは以下のように考えると思います。

夫婦別姓に対するよくある批判として、子どもに悪影響があるというものがありますが、今回の場合には仮定により子どもがいないため、これは当てはまりません。その他の批判としては、家族のきずなや一体感が弱まるというものがあります。[51]

そこで、仮に「一般的に、夫婦別姓の家族はそうでない場合よりも家族の一体感が弱まる」という主張が正しいとしてみましょう。本当に正しいのかどうかはきちんと調査してみないとわかりませんが、議論のためにとりあえず正しいと仮定するということです。そして、このカップルがそれを承知の上で夫婦別姓を望んでいるとしたらどうでしょうか。

このカップルは、自分たちには当てはまらないと思っているかもしれませんし、あるいは、別に一体感が弱まってもお互いがそれで幸せなら構わないと思っているかもしれません。ミルによれば、「人が幸せに生きることに一番関心があるのはその人自身である」（１８６頁）

のだから、周りの人が忠告はしたいだけしたらよいですが、最終的にはそのカップルの思うようにさせておくのがよい、と言うだろうと思います。

このカップルは夫婦別姓でも幸せな結婚生活を送るかもしれません。逆に、夫婦別姓が原因で、家族の一体感が強まらず、結婚が失敗してしまうかもしれません。そのときは、周りの人が、「ほらね、忠告した通りだったでしょう」と言うことになるでしょう。しかし、その場合でも、夫婦は失敗から何かを学ぶでしょうし、周りの人も他山の石として学ぶことができるでしょう。ミルは次のように言います。

「他人から、自分の判断の助けとなる忠告や、意志を強くしてくれる説教を授かるかもしれない。あるいは、〔忠告を〕押しつけられるかもしれない。しかし、最終的に判断するのはその人自身なのである。なるほど、忠告や説教に逆らえば、誤りを犯すこともあろう。しかし、その誤りは、他人が親切心を押しつけるのを許すことの害悪よりは、はるかにましである。」（187頁）

周囲の人の忠告に従わずに自分で選んだら大失敗してしまったという経験は、皆さんにもあることと思います。しかし、一般に、誤りを犯すことによる不利益に比べれば、個人の自由な選択を禁じることによる不利益の方がはるかに大きいとミルは言うのです。つまり、人々が愚かな行為をすることを禁じるよりも、愚かな行為をする自由を認めた方が社会にとって有益だということです。加藤尚武氏は、パターナリズムに反対するミルのこうした議論を、人々は愚かな行為をする権利をもつという主張、つまり「愚行権」の擁護として説明しています。[52]

夫婦別姓の例で言えば、別姓か同姓かの選択を禁止すると、『自由論』第三章でミルが論じていたように、誰も自分や他人の失敗から学ぶことができなくなります。そうすると、夫婦同姓はごく当たり前の「死んだドグマ」になってしまい、みんな単に慣習だから夫婦同姓を選ぶだけ、ということになってしまいます。夫婦別姓が選べなければ、夫婦同姓の本当の価値もわからなくなるということです。

では、子どものいるカップルの場合はどうでしょうか。その場合でも、仮に子どもに何らかの悪影響があるとしても、例えば児童虐待のように法で禁止しなければならないほどの権利侵害と言えない限りは、せいぜい社会的な制裁に留めておくのがよい、とミルなら言うでしょう（前述の第三の規則）。つまり、あなたがこのカップルの友人で、夫婦別姓に強く反対しているなら、夫婦別姓を選ぶことは道徳的に間違った行為だと非難したり、それでも夫婦別姓を貫く場合は友だちでいることをやめたりする、というのは許されるでしょう。しかし、法律で夫婦別姓を禁止するところまではやるべきでないというのがミルの考え方です。

もし、夫婦別姓による子どもへの悪影響が、学校でのいじめや就職差別などの権利侵害を伴う場合はどうでしょうか。その場合、問題は夫婦別姓を禁止することではなく、いじめや就職差別などの行為を禁止する方が正しいでしょう。仮に日本で夫婦別姓が認められたとしても、「普通は夫婦別姓にはしない」という普通規範がある限り、夫婦別姓を選ぶカップルやその子どもは変な目で見られるかもしれません。しかし、その場合でも重要なのは、普通でないことはダメなことではなく、他人に危害を加えない限り、各人は自由に生き方を選べた方がよいのだという寛容な規範の醸成に努めることだと思われます。

三、他人へのお節介はどこまで許されるか

このように、他人の利害に関わらない自分の行為については、個人は最大限の自由を認められるべきであるとミルは言います。しかし、だからといってそういう行為に関して他人がいろいろ口出しすることは良くないことなのでしょうか。英語では、他人のお節介に対して、

「それはあなたの関係する事柄ではない（It's none of your business.）」という、人を突き放すような表現があります。ミルもこういう他人に干渉しない態度が良いと考えていたのでしょうか。皆さんはどう思いますか？

(1)ミルは、自分の利害にしか関わらない事柄については、他人が口を挟むのは許されないと考えていた。
(2)ミルは、自分の利害にしか関わらない事柄についても、他人が助言をすることを積極的に奨励していた。
(3)ミルは、自分の幸福追求のためには、他人のことに無関心であるのが一番だと考えていた。

『自由論』の第四章をよく読むと、ミルは(1)のようには考えておらず、以下で見るように、むしろちょっとお節介なぐらいがよいと考えていたことがわかります。ですので(2)が正解です。まずミルは次のように述べています。

「これ〔ミルの立場〕を利己的な無関心を勧めるものだと考えるのは、大変な誤解である。私はけっして、他人の生活や行為に関心をもつべきではないとか、自分にとって損にも得にもならないのであれば、他人の善行や幸福など気にかけるべきではない、と主張するものではない。（……）

私は、その人のきわめて個人的な長所や欠点を、他人が見てあれこれ感ずるべきではない、と言いたいわけではない。そもそも、そういうことは不可能だし、望ましいことでもない。」（184〜187頁）

このように、他人の利益に関わらないような領域についても、周りの人が無関心であることはできないし、望ましくもないとミルは主張します。ここは面白い論点なので、以下で具体例を用いて詳しく説明してみたいと思います。

四、自堕落な生き方は不道徳か

例えば、三度の飯よりもゲームが好きなサトシは、仕事や子育てに影響を与えない限りで、暇なときはずっと酒を飲みながらオンラインゲームをして時間を浪費しているとしましょう。

サトシは他人に危害を加えていないので、厳密に言えば不道徳なことをしていないし、そのような生活をしているからという理由で警察に捕まることもないでしょう。しかし、周りの人、例えばサトシの友人のヒトシは、サトシのことを人生を無駄にしている愚かな人間だと思うかもしれません。この点について、ミルは次のように述べています。

「そういう〔サトシのような〕人はかなり愚かであり、言ってしまえば（語弊があるかもしれないが）かなり低劣で俗悪である。それを露骨に示す人は、危害を加えられてもかまわないことにはならないが、かならず人に嫌われるし、極端な場合には軽蔑されるのが当然だ。普通の資質をちゃんとそなえた人なら、こういう感情を抱かずにはいられまい。」（１８７〜１８８頁）

つまり、自堕落な人生を送っているサトシは愚か者なので、それを理由にヒトシに嫌われても仕方ないとミルは言うのです。ここでミルは、道徳的な不正と、愚かさを区別しているように思います。これは英語ではモラリティ（morality）とプルーデンス（prudence）の区別です。プルーデンスというのは「自愛の思慮」とか「分別」とか「賢慮」などと訳されることがありますが、長い目で見て自分の利益に適ったことをしている、ということです。

もちろん、ヒトシがサトシの話をよく聞くと、実はサトシはヒトシと一緒にeスポーツで有名になることを目指して頑張っていることがわかった、ということであれば、サトシはむしろ自分の長期的な利益を考えて行動していることになり、ヒトシは別の評価をするでしょう。

これとは対照的に、モラリティが問題になるのは、他人の利益を尊重しているかどうかが問われる場合です。他者危害原則においてはこのモラリティが問題になり、道徳的に不正な行為は規制の対象になります。しかし、自分の利害にしか関わらないこと、すなわちプルーデンスの領域に関しては、助言や説得はしても規制はしないというのがミルの立場です。

ですから、自分の利害にしか関わらないこと、例えば先の例でサトシが暇なときにはひたすら酒を飲んでゲームばかりしているというような行為は、道徳的には不正ではないから規制の対象にはならないのですが、そうは言っても、本人の長期的な利益を考えた場合、それは賢明でない行為、愚かな行為であるという評価はできるわけです。これがプルーデンスの領域だということです。

ミルは他人に軽蔑されたり嫌われたりしてもおかしくないタイプの人として、「軽薄、強情、虚栄心をあらわにする人——節度のある生活ができない人——有害なことに溺《おぼ》れて自分が抑制できない人——人間的な知性や感性の喜びを犠牲にして動物的な快楽を追求する人」（189頁）を挙げています。

そして、ミルは次のように述べます。

「人を害するような行動をするわけではないものの、人から馬鹿だとか低級だと思われたり、感じられてしまう行動をとる人がいる。人からそんなふうに思われるのは、本人にとっても避けたいことだろう。したがって、「人から馬鹿にされるし、とにかく自分にとって不愉快な結果しか招かないよ」と、あらかじめ警告してあげるのは本人のためになる。たしかに、現在の一般通念ではこうした親切さはやや失礼にあたるが、それがもっと自由にできるようになればよいのにと思う。間違っていると思われることを指摘してあげても、不作法だとか僭越《せんえつ》だとか言われないようになればよいのにと思うのである。」（188頁）

このようにミルは、人々がもっとお節介焼きになる方がよいと考えていたようです。そこで、愚かなことをしている人には、「もしもしあなた、あなたの生き方は他人に危害を加えているわけではありませんが賢明ではない生き方ですよ」という注意ぐらいはどんどんしてよいのだ、と考えていたと思われます。ただし、そのような生き方を法や世論の強制力を用いて禁止するのは許されません。各人は愚行権を持っているからです。

また、ミルはこのように助言や説得を試みることは歓迎しますが、だからといって愚かな人や低俗な人とずっと付き合う義務があるとまでは考えていません。

「われわれはまた、人に対する否定的な意見を抱き、そしてそれにもとづいて、いろいろな形で行動をする権利がある。ただし、それは相手の個性を抑えつける形ではなく、自分の個性を働かせるような形でなければならない。たとえば、その人と無理に交際しなくてもよい。交際を避ける権利がある（ただし、それをことさらに誇示してはならない）。交際したい相手を自分で選ぶ権利があるからだ。」（188〜189頁）

このような形で、サトシが暇な時間は酒を飲んでゲームばかりしている自堕落な人間なら、そのような生き方を禁止されることはないですが、ヒトシや周りの人は離れていってしまうことがある、ということです。これも世論による制裁の一種と見なせそうですが、ミル自身はこのような処罰は、他人に危害を与えた場合の処罰とは異なり、「その人の欠点それ自体の自然な帰結、いわばその人がみずから招いた結果にすぎない」（189頁）と述べています。

自堕落な生き方は不道徳ではないから法や世論によって罰してはならない。しかし、周りの人が忠告することは歓迎されるし、それを聞き入れない場合は離れていってよい。これがミルの自由主義の基本的な発想です。

五、モラリティとプルーデンス

このモラリティ（道徳）とプルーデンス（自愛の思慮）という区別は、実はミルの自由主義の発想の根幹にある重要なものです。

逆に、例えばカントのように自分に対する義務と他人に対する義務という古典的な区別をする人は、プルーデンスという領域を特別に作らずに、両方ともモラリティの領域と考えているように思います。ですので、例えばカントは自殺をしない道徳的義務や勤勉である道徳的義務があると言います。それらを法的に禁止したり強制したりできるかはさておき、約束を守る義務などの他人に対する道徳的義務と同列に考えていたように思います。酒を飲んでゲームばかりしているサトシは勤勉の道徳的義務に反しているということです。

それに対して、ミルはサトシは愚か者かもしれないが道徳的義務に反してはいないと言います。

> 「個人的な欠点は、本来、不道徳的なものではない。個人的な欠点は、たとえどんなに極端なものであっても、邪悪なものにはならない。
> 個人的な欠点は、その人の愚かしさ、人間としての尊厳や自尊心の欠如を多少なりとも証明するものではある。しかし、それが道徳的な非難の対象となるのは、他人のために自分に関して注意すべきことを怠ったという意味での、他人に対する義務の不履行があった場合に限られる。」（１９１頁）

これは例えば、サトシの自堕落な生活が単に愚かだという非難だけでなく道徳的非難の対象にもなるのは、サトシが酒を飲んでゲームばかりしすぎて子どもの扶養義務が十分に果たせないというような、他人への義務が果たせないときに限られるということです。サトシは

他人の利益に関わる行為と自分の利益のみに関わる行為

	他人の利益に関わる行為	自分の利益のみに関わる行為
行為の評価	道徳的である 不道徳である （moral, immoral）	賢明である 愚かである （prudent, imprudent）
利益を損なう行為への対応	権利侵害の場合は法的規制と社会的制裁 深刻でない場合は社会的制裁のみが適切	忠告や説得のみが適切 強制や禁止は不適切 交際を避けてもよい
備考	何らかの制裁が適切な領域	同意した成人同士の行為もこちらに含まれる

出典：筆者作成

酒を飲んでゲームばかりして時間を無駄にしているだけなら道徳的な意味での悪人ではないが、それによって子どもの扶養義務を果たさないなら悪人になるということです。ミルはさらに続けてこう言います。

「自分自身に対する義務と呼ばれるものは、それがたまたま同時に他人に対する義務になっている場合を除けば、社会的に義務づけられたものではない。自分自身に対する義務という言葉は、ただ単に思慮分別をもつことばかりでなく、自分を大事にすること、そして自分を成長させることを意味するものなのだ。そして、いずれにせよ、それは他人に対して責任を負うものではない。なぜなら、そうい

うことについて個人に責任を負わせても、それはけっして人類のためにならないからである。」（１９１～１９２頁）

サトシは自分を大事にすべきだが、他人に危害を与えているのでない限り、強制的にゲーム以外のことをさせたり、刑罰を与えたりすることは適切ではない、ということです。このように、ミルは自堕落な生き方は愚かではあっても不道徳ではない、プルーデンスの問題ではあってもモラリティの問題ではない、と主張して、そう考えた方が人類の幸福のために役に立つのだ、と言うのです。

この点、ちょっとくどいぐらいに説明しましたが、ミルの自由主義の根本には、このように法や道徳が入ることのできない私的な領域を確立するという考え方があります。ミルの考えでは、モラリティの領域は規制の対象になるが、プルーデンスの領域は規制せずに自由にしておくべきなのです。右頁の図にまとめておきましたので、皆さんもよく考えてみてください。

六、自殺は個人の自由か

もう一つ、練習問題として考えてみたいものがあります。それは自殺の自由です。自殺というと軽い話題ではないですが、自由主義を考える上で重要な話なのであえて取り上げたいと思います。[53] もし読んでいて気分が落ち込んできた方は、この本を閉じて、友人に相談したり、カウンセリングを受けたりするようにしてください。

さて、ミルは『自由論』で自殺の話をしていませんが、ここまでの議論を踏まえると、ミルならどのように主張すると思いますか？

(1)自殺は自分だけでなく周囲の人に危害を与えるため、他者危害原則によって禁止することができる。
(2)自殺は自分の利益にしか関わらず、他人に危害を与えるとまでは言えないため、各人の自由である。
(3)自殺は自分を殺すことであり、他人を殺すのと同じだけ道徳的に悪いことだから禁止することができる。

おそらくミルの答えは⑵だろうと思います。すなわち、原則として自殺は上記でいうプルーデンスの問題、つまり自分の利害のみに関する「プライベートな問題」であり、道徳とは無関係だと言うのではないかと思います。しかし、ここでは二つの注意が必要です。

一つは、飲酒によって他人への義務を果たせない人は道徳的に問題だとミルは主張していたので、自殺によって子育ての義務などを放棄したと考えられる場合には、その限りで他人に危害を与えているとミルは主張する可能性があります。これは、単に自殺によって周りの人々が悲しむというに留まらず、約束を守らないとか、責任を果たさないという問題です。しかし、逆に言えば、自殺によるそうした義務の不履行がほとんど考えられない場合は、自殺は道徳の問題ではないとミルは言うでしょう。例えば重い病気でまもなく死ぬことがわかっているため、医師に処方された致死薬を服用して死ぬという医師幇助《ほうじょ》自殺のような場合は、仮に子どもの養育義務があったとしてもいずれにせよ義務の履行はできないため、死ぬことは他者危害にならないと言えそうです。

もう一つは、「自殺をするかどうかはプライベートな問題である」としても、周りの人は説得を試みる自由があり、おそらくは説得に努める義務さえもあるということです。仮に自殺が他人に危害を与えないという意味で道徳の問題ではないとしても、自殺する本人が数ある行為の中で自殺を選ぶことが賢明なことなのかそうではないのかについて、他人が助言することは十分に適切だと思われます。

大学に進学するか、そうせずに音楽の道を目指すかというのはプライベートな問題でしょうが、家族や友人たちが将来の見通しについて助言することは問題ないと思われます。それと同様に、自殺を考えている人に対しても、なぜ自殺をしようと思っているのか、それは当人の利益だけを考えた場合でも賢明と言えるのか、それとも愚かな選択と言うべきかについて検討することが重要だと、ミルなら言うのではないかと思います。

七、ミルの立場に対する批判の検討

皆さんはここまでのミルの議論に納得したでしょうか。ミルの立場に対しては、ミル自身も予想していた重要な批判があります。それは、そもそも「自分のみに関わる行為」というのは存在するのだろうか、という問題です。ミルは他人に危害を加えない限り個人は自由だと言います。しかし、「他人に関わらない行為」というのは存在するのでしょうか。ミルはこのような批判があることを予想し、まずその批判を次のように非常にもっともらしい仕方で述べています。

「以上、人間の生活には、その人だけに関わる部分と、他人にも関わる部分があると区別してきたが、こうした区別を認めない人もたくさんいるだろう。社会を構成する一メンバーのどんな行為も、別のメンバーにまったく関係しないということがありうるだろうか（と彼らは問うに違いない）。彼らの言い分はこうだ。

完全に孤立して生きている人間は一人もいない。人が自分自身に深刻な害、あるいは取り返しのつかない害を与えるようなことをしたら、災いは少なくとも近親者に及ぶし、ときにはさらに広い範囲にまで及ぶ。

もし、自分の財産を損なえば、それを支えにしている人々に直接的ないし間接的に打撃を与える。また、社会の財産を多少なりとも減少させるのが普通だ。（……）

もし、その人が悪癖や愚かさで目立てば、たとえ他人に直接的な被害をもたらさなくても、その人はそれでも（やっぱり）悪い見本という形で社会的に有害である。そこで、人々がその人の行為を見たり聞いたりしたせいで堕落しないよう、あるいは道を誤らないよう、その人は自己抑制を強いられざるをえない。（……）

もし、子どもや未成年の若者については、明らかに本人に逆らってでも保護すべきであるとすれば、そういう子どもと同じくらい自己管理能力に欠けた成人についても、社会は同じように保護すべきではないだろうか。

もし、賭博・泥酔・淫乱・怠慢・不潔が、多くの違法行為と同様に、幸福を損ね、進歩を妨げるものであるならば、どうして法律は、実行可能な範囲で、そして社会にとって不都合にならない範囲で、これらの行為も抑制するよう努めずにいられるだろうか（と問えるはずだ）。そして、法律には付きものの不完全さを補うものとして、世論が、少なくともこうした悪を強力に取り締まる体制をつくり、悪いことをする連中に厳しい社会的制裁をくらわせるべきではないだろうか。」（１９４～１９６頁）

まだ続くのですが、ミルはこのように自分の立場に対する反論を強力な形で提示しています。これは先ほど例として挙げた、サトシが仕事がないときはひたすら酒を飲みながらゲームをするような場合です。例えば、サトシは子どもの悪い見本になってしまうから、強制的にゲームをやめさせて、何か有用なことをさせた方がよい、という主張ですね。自殺については、家族や友人など周りの人に大きな影響を与えるだけでなく、典型的には有名人の自殺の場合のように、ウェルテル効果と呼ばれる模倣自殺をもたらすリスクもあります[54]。まさに

「悪い見本という形で社会に有害である」という点が当てはまるかもしれません。
こういう批判についてどう応答すべきかについては、ミルはすでによく考えています。まず一つは、ミルは各人には酒を飲む自由はあるけれども、いくつか飲酒を規制する根拠はあると言います。例えば先にも述べたように、酒を飲むとサトシが子育てをできずに子どもに対して養育義務を果たせなくなってしまう場合。こういう場合は規制が適切だという風にミルは言います。

「たとえば、ただ単に酒に酔っていることだけで人を罰してはならないが、兵士や警官が勤務中に酔っぱらっていたら罰するべきである。要するに、個人にであれ公衆に対してであれ、明らかに人にダメージを与えるものであれば、あるいは明らかにダメージを与える危険性があれば、それはもはや自由の領域の問題ではなくなり、道徳や法の領域の問題となる。」（１９９頁）

要するに、飲酒は基本的にプルーデンス（自愛の思慮）の問題だが、飲酒によって他人に対する義務を果たせない状態になった場合は、法や道徳の問題になる、ということです。飲酒運転が禁止されるのも、飲酒そのものが問題なのではなく、飲酒して自動車を運転すると他人にとって危険だから禁止されるわけです。

ミルは続けてこう言います。

「では、偶発的な損害、もしくは、いわゆる見なし損害が生ずるだけの場合はどうだろうか。すなわち、社会に対して果たすべき義務を怠ったわけでもなく、自分以外の特定の個人に実質的な損害をもたらしたわけでもないのに、その人の行為がたまたま社会に迷惑を与えた場合はどうだろうか。

そういう場合なら、社会はこの迷惑を、人間の自由というもっと大きな善のために、甘んじて受け入れることができるはずである。」(199~200頁)

この「偶発的な損害(contingent injury)」とか、「見なし損害(constructive injury)」というのが何を指しているのかは、あまりはっきりしないのですが、次のような例が考えられそうです。例えば冬山の登山は危険なので禁止されている地域もありますが、夏であっても登山が普段の生活に比べて危険なことは変わりありません。そういう登山をして遭難した場合に、救助隊が出動したりして、他人に迷惑がかかるような場合があります。場合によっては救助隊のメンバーが命を落とすこともあるかもしれません。しかし、ミルはそういった損害は社会の側が我慢しよう、個人に自由を認めることでもっと大きな利益があるんだから、と主張しています。

ただ、どういう場合が「その人の行為がたまたま社会に迷惑を与えた場合」とされるのかを明らかにする必要があると思います。『自由論』の中ではこれ以上は論じていないのですが、例えば私の身近なところの話題として、ある大学の文化祭でアルコール飲料の販売や持ち込みを認めるかどうか、ということが問題になりました。次の例について考えてみてください。

八、大学の文化祭でアルコール飲料の販売を認めてもよいか

ある大学では、文化祭でアルコール飲料の販売を認めるかどうかで大学当局と学生側が議論をしている。大学当局の主張によると、毎年、未成年の飲酒の可能性が指摘されており、また急性アルコール中毒の患者が大学病院に運ばれてくるため、大学病院側からも苦情が出ている。そのため、大学当局は持ち込みも含めてアルコール飲料を一切禁止すべきだと学生

側に要求している。

一方、学生側の主張によれば、未成年の飲酒や急性アルコール中毒の予防については一定の取り組みを行っているため、後は（ミルが言うように）個人の自由に任せるべきである。「迷惑」がかかるという理由で自由を抑制することは、学生の自主性を尊重しないことにつながる。


皆さんはどうお考えでしょうか。人によっては、大学病院の救急外来に急性アルコール中毒の学生がたくさん運ばれてくると、他の救急患者の診療が遅れるから、これは「迷惑」どころか、立派な「危害」になる、と言うかもしれません。

どこまでが迷惑で、どこからが危害なのか、というのは『自由論』を読んでもはっきりしないところであります。私の考えでは、ミルが「危害」によって考えているのはかなり狭く、例えば先に見たように、「言論そのものによる危害（言葉が人を傷つける可能性）」を認めているかさえわからないところです。明確に「危害」と呼べるのは、身体的な危害とか、所有物を盗まれるといった、そういう害悪だと言えます。他者へのそうした危害がある場合や、そのリスクが高い場合には個人の自由を制約することが認められます。しかし、それ以外の他人への害悪に関しては、先の引用にあったような偶然的な損害と呼び、実際に損害が生じた場合には補償や賠償が必要になるかもしれませんが、原則は個人の自由を規制しないでおこう、と考えているように思います。

他者危害原則における「危害」をどう定義するかというのは未解決の大きな問題ではありますが、ミルの議論が面白いなと思うのは、個人の自由がもたらす大きな利益を考えるなら、危害と呼ぶかどうかはともかく、ある程度までは社会の方で甘受すべき損害がある、と主張している点です。ここでもミルは社会の側に寛容を求めているように思われます。

この点は、社会全体の幸福の最大化を是とする功利主義的な発想だと言ってもいいところだと思います。例えば先に見たように（第三講）、ALSの患者に関して、「私なら死ぬ」とか「そうなったら死んだ方がまし」というような発言がSNSでされるとして、それは一部の人々を傷つけることもあるかもしれない、と。場合によってはそういう発言が引き金になって自殺する場合だってあるわけですから発言には重々気をつけないといけません。それでも、言論の自由が持つ効用を考えた場合、そうした発言もある程度までは社会で許容しておいた方が、そうしない場合よりも全体としてよいのではないか、ということをミルは考えていると思います。こうした発言を「危害」と認めるにせよ、そうでないにせよ、功利主義的にはそれを社会として許容した方がよいのではないかということです。

九、イスラム教と豚の例

ここまで提示してきた例は私が考えたものでしたが、『自由論』の第四章ではミル自身もいくつかの興味深い具体例を出しています。中でも有名な例は、イスラム教国家において豚肉を食べることを禁止することが許されるか、というものです。ご存知の通り、イスラム教では豚は不浄の生き物として忌避されています。ミルの説明を引用してみましょう。

「キリスト教徒の信条や行動のうちで、イスラム教徒がいちばん嫌悪するのは、豚肉を食べることだ。豚肉を食べて食欲を満たすことに対し、イスラム教徒は心の底から嫌悪感をいだく。(……)

豚肉を食べることへの嫌悪は、第一に、それがイスラム教の教えに背《そむ》くものだからであるが、しかし、そういう理由だけでは嫌悪感がなぜあれほど強いのか、また、なぜあれほど激しい性質のものなのか、まったく説明できない。なぜなら、イスラム教では酒を飲むのも禁じられており、イスラム教徒は誰でも飲酒を悪いことだと考えているのに、それを嫌悪すべきことだとは考えていないからである。

「不潔な獣」の肉を食べることへの嫌悪は、飲酒とは違って、本能的な拒否反応に似た独特の性質のものである。あれは不潔だという考えがいったん感情の中に入り込んでしまうと、普段の生活がとても清潔とは言えない人々でさえ、かならずその不潔なものには嫌悪感を覚えるらしい。」（２０７〜２０８頁）

このように、大勢の人々にとっては考えただけでもぞっとするようなことであったとしても、イスラム教国家において、イスラム教徒でない人が豚肉を食べる自由が認められるべきだろうか、とミルは問います。皆さんはどう考えますか。


⑴多くのイスラム教徒が嫌悪感を抱くのであれば、それを理由に豚肉を食べる自由を禁じてもよい。

⑵多くのイスラム教徒が嫌悪感を抱くとしても、それは危害とは言えないので自由を認めるべきだ。

ミルは、たしかに多くのイスラム教徒が強い反感を覚えるかもしれないけれども、自分にしか関わらない事柄であれば、自由が許されるべきだと考えています。つまり⑵です。ミルの言葉を引用すると、「社会には人々の私的な趣味やまったく個人的なことがらに干渉する権利がない」（２０９頁）ということです。例えば自分の家で豚を飼い、それを殺して食べるのであれば、禁止するべきではないということです。

この話とだいぶ内容は違いますが、議論の構造が近いものとして、「同性婚カップルが隣の家に住んでいたら嫌だ」という理由から、同性婚を禁じることができるか、というものが考えられます。

例えば、少し前に、ある首相秘書官が、記者団の取材で同性婚について意見を聞かれたとき、同性婚制度を導入すると「社会が変わる」「隣に住んでいるのも嫌だ」「同性婚を認めたら国を捨てる人が出てくる」などと発言して、更迭されるというニュースがありました。[55] ミルであれば、同性婚のカップルが隣に住んでいることによる「嫌悪感」がいかに強いものであろうとも、それを理由に結婚の自由を認めないことは、先ほどの豚の例と同様、認められないと言うでしょう。

なお、「豚に対する危害」についても考えないといけないとベジタリアンなら言うのではないかと思いますが、ミルはここではこの論点を問題にしておりませんので、動物倫理については また別の機会に論じたいと思います。

十、飲酒規制の例

このような宗教的不寛容の話は、個人の自由が当時としてはかなり尊重されていたイギリスでは起こらないのではないか、という意見に対して、ミルはまず、イギリスやアメリカでも禁欲的なピューリタニズムの影響が大きかった時代には、音楽やダンス、スポーツなどの大衆的娯楽を目的とした集会や演劇などが禁止されていた先例があることを指摘します。その上で、今日、再びこういう道徳観や宗教観に基づいて規制を強めようとしている風潮があると述べています。これはミルが警鐘を鳴らしている多数者の専制の問題ですね。ミルは次のように述べます。

「社会には、社会が不正と定めたものすべてを法によって禁止する無制限の権利があるばかりではなく、不正を根絶するためなら、罪はないと認められる物事でさえ、いくらでも禁止できる無制限の権利がある、という世論がある。」（２１５頁）

つまり、飲酒によって犯罪が生じるのであれば、罪のない少しの飲酒であっても、すべて禁止してしまえという風潮があったということです。アメリカでアル・カポネのようなマフィアが活躍した禁酒法の時代は一九二〇～三〇年代ですが、禁酒の動きはちょうどミルが『自由論』を書いた一九世紀中盤ごろから強まっていました。少しミルの文章を引用しておきましょう。

「飲酒の害を防ぐという名目で、イギリスの一植民地とアメリカ合衆国のおよそ半数の州は、医療目的以外でのアルコール飲料の使用を、法律によって禁じている。条文としては販売の禁止だが、それは事実上、使用を禁ずることであり、法律の狙いもそこにある。この法律は、メイン州で始められたのでメイン法とも呼ばれる。しかし、禁酒法はじっさいには実施が困難だったため、後にそのメイン州を含むいくつもの州で撤廃された。それにもかかわらず、ここイギリスでも同じような法律をつくろうとする運動が始まり、博愛主義者を自称するたくさんの人々によって、かなり熱心に進められている。」
（215～216頁）

ミルは、国家が酒類の入手を禁止するのは人が酒を飲む自由を奪うことになるとして、強く反対しました。先にも見ましたが、飲酒をするかどうかは基本的には個々人に任せるべきだというのがミルの立場です。もっとも、仮に酔っ払って自分の子どもの世話ができなくなるとか、あるいは酔っ払って他人を殴るとかする場合は、そういう行為自体を禁止すべきです。また、酔っ払って暴行するなどの前科がある人に対しては、飲酒を禁止してもよいという風にもミルは言います。

現在なら、例えば飲酒運転は他者危害の危険性を理由に禁止してもよいとミルなら言うのではないかと思います。ただ、アルコールそのものを禁止して入手できないようにするのはおかしいとミルは考えます。そうすることは大人を子どものように扱うことになると言います。喫煙についても同様です。受動喫煙という他者危害をもたらす喫煙は原則として規制されるべきですが、たばこそのものの販売を制限するなどして喫煙者が一人で喫煙する自由までもを制限することは、ミルは反対しただろうと思います。

しかしそうすると、今度は大麻だとか他の麻薬とかそういったものをどうするかという問題が出てきます。こうした薬物までミルが認めてよいと考えていたかはわかりません。『自由論』の第五章では「中国における阿片の輸入禁止」が購買者の自由に反するものとしてミルは反対しているように読めます（232頁）。

ただ、ミルの時代にはまだアルコールやニコチンやその他の麻薬が持つ依存性が病気として認識されていなかったので、ミルは酒を飲んだり喫煙したり麻薬を使用したりする選択は、いつでも合理的にできると考えていたのかもしれません。しかし、依存症になってしまうと、合理的に選択することができなくなります。このような問題を踏まえた場合にミルがどう考えたかというのは、答えるのが難しいところです。

十一、一夫多妻制は許されるか

その他に、一夫多妻制の是非という話もあります。これは現代から見ても面白い、結婚の自由に関わる問題です。ミルは当時モルモン教が実践していた一夫多妻制（ポリガミー）について、それは女性を抑圧するものだとして、次のように非難しています。

「私は、モルモン教の一夫多妻制に、誰よりも強く反対する者である。理由はいくつも挙げられるが、とくに、この制度は自由の原理によって絶対に認められないものであり、いや、それどころか、自由の原理を直接踏みにじるものだからだ。つまり、社会の半分を占める女性を鎖で縛りつけ、人間のあいだの義務は相互的であるはずなのに、男性には女性にたいする義務を免除する、そういう制度だからだ。」（223～224頁）

ミルは一方でこのように自由の原理に反するとして強く非難しつつも、他方では女性が自由意志で結婚しているのであれば、彼らに干渉しようとすることは間違っていると言います。

「〔モルモン教徒は〕自分たちの教義が受け入れられなかった故国を離れ、地球の遠い片隅を、初めて人間が住める場所に変えて、そこに定着した。彼らは他の国を侵略しないし、彼らの流儀に不満をいだく者はまったく自由にそこを立ち去ることができる。この点を考えるならば、モルモン教徒が自分たちの好む法律のもとで生活するのを阻害してよいと考えることは、とても難しい。阻害したければ、専制の原理に頼るしかない。」（224～225頁）

つまり、アメリカのモルモン教徒たちはユタ州にあるソルトレイクシティという未開拓の地に行って自分たちだけで好きに暮らしているのだから、それを現在イギリスに住む人たちが「文明十字軍」（225頁）を名乗って介入することはできない、とミルは主張しています。

私はミルの本音はこちらにあると思います。すなわち、ミルは、個人の自由を最大限認め、また二人以上の人が自発的に同意するならその自由も最大限認めるべきだと考えているので、三人以上の結婚も原則として禁止する必要はないと考えていた、ということです。結婚の自由は現在も非常に重要な問題です。同性婚の是非が日本でも話題ですが、自由主義の見地からはこうした一夫多妻制の是非も検討すべき課題だと言えます。[56]

十二、『自由論』第五章の簡単な要約

第五章は「原理の適用（応用）」と題された章で、文字通り、第四章まででミルが論じてきた他者危害原則を中心とする自由主義的な考え方を、個々の問題に適用する、という内容になっています。話がちょっと細かくなるので本書では詳しく説明しませんが、ここまで本書を読んでくれた皆さんは、ぜひ自分でじっくり読んでいただきたいと思います。ただ、それだと少し不親切かもしれませんので、参考までにいくつか重要な論点をかいつまんで紹介

しておこうと思います。以下では五つの論点を説明します。

第一に、『自由論』と言うと、自由経済、すなわち経済活動における自由市場の正当化の話も含みそうなものですが、実は同書の中に自由経済の話は出てきません。自由経済については、政府が価格の設定とか生産や供給の管理を行うような統制経済よりもそちらの方がよいのは、一般にその方が安価で良質の商品が提供されるからだ、といった正当化が通常なされます。ミルは、これはもっともな主張だが、『自由論』が問題にしている個人の自由とは別の議論だと述べています。というのは、ミルが『自由論』で唱えている主張は、「他人の利害に関係しない領域に関しては個人は自由だ」という話ですが、商売は本来的に社会的な活動であり、常に他人の利害に関わるものだからです。これは重要な点なので、第一章の冒頭で自由意志の話と並んで説明しておいてほしい論点のような気がしますが、いずれにせよミルは、第五章の冒頭でこの点について断りを入れています。[57]

第二に、ミルは事故や犯罪の防止といった、予防のための規制は許されるだろうか、という重要な論点を出しています。例えば毒物を販売してよいかとか、ミルの時代にはまだ自動車はありませんが、飲酒運転は事故の予防につながるという理由で規制してよいかといった問題です。ミルは、予防は警察の正当な業務だと認めつつも、毒物はライセンスを持った者だけに売るといった規制はできるが、毒物は（例えば医薬品や農業目的などの）有用な目的で使用されることもあるため、毒物をまったく売らないのはダメだと考えています。

また、売春や賭博は個人の自由だとしても、売春の斡旋《あっせん》や、賭博場の経営は規制すべきかという話もしています。さらに、酒の販売は禁止してはならないとしても、酒類に課税はしてよいのか、また酒を提供できる店の数を制限してもよいのか、といった話もしています。ミルは酒税は認めていますが、アルコールに関する過度の規制をする社会は、「労働者階級を露骨に子ども扱い、もしくは野蛮人扱いする社会」（245頁）だとして、問題視しています。

第三に、重要な古典的問題として、人には奴隷になる自由はあるかという点にも触れています。これはジョン・ロックを始め、いろんな哲学者が問題にしてきた点であり、契約の自由の限界についての問いと言えます。[58] ミルは、各人は個人の自由の一部として、互いの合意によって契約関係に入る自由を持つと考えていますが、自由そのものを放棄するような奴隷契約は認められないとして、次のように述べています。

「もちろん、他人に害が及ばないかぎり、個人の主体的な行為に干渉すべきではない。

本人の自由を尊重すべきだからである。人が自主的に選択したものは、それが本人にとって望ましいもの、あるいは少なくとも我慢できるものだったことを示す。そして、人がもっとも幸福になれるのは、全体として、その幸福の追求手段をその人が自分で選択できるときである。

　ところが、自分自身を奴隷として売るとき、その人は自分の自由を放棄する。そのときの一回きりの行為によって、将来における自由の行使をすべて放棄するのである。つまり、自分の生き方は自分で勝手に決めてよいとする正当性の根拠そのものを、その人は自分で打ち砕いてしまうのである。以後はもはや自由ではない。自分で主体的に奴隷という立場にとどまっていると言えるならばまだしも、もはやそう言える立場でもない。

　自由の原理は、自由を放棄する自由は認めない。自由の譲渡まで認めるのは、断じて自由ではない。」（２４７～２４８頁）

　自由を放棄する契約である奴隷契約の自由を認めない、というのはミルにとってはかなり自明のようです。しかし、自殺も奴隷契約と同様、「そのときの一回きりの行為によって、将来における自由の行使をすべて放棄する」と言えてしまうため、この議論に従えば例えば医師の幇助によって自殺する自由もないことになりそうです。皆さんはどう考えますか。[59]

これと関連する論点として、ミルは婚姻契約の解消、つまり離婚の自由についても触れています。婚姻契約の解消は、ミルの人生とも関わるところで興味深いところです。日本でも結婚するときには「生涯伴侶になると誓います」と約束することがあります。しかし、これが形式的ではなく本気の誓いだとすると、このような仕方で、人生全体をお互いに無制限に縛ることは許されるでしょうか。ミルは結婚の誓いをしたら、相手に対する道徳的義務が新たに生じるが、やはり婚姻契約を解消したい側に法的な自由がある、と主張しています。

第四に、人々が自由を履き違えている例として、ミルはいくつかの例を論じています。一つは義務教育の是非です。ミルの時代には、子どもは親の所有物なのだから好きにしてよい、という発想が強かったため、義務教育は親の裁量権に対する侵害だという考えがありました。ミル自身は国民に基礎教育を保障するのは国の責任であるため、義務教育は正当化されると考えていました。ただし、国による教育機関だけだと画一化が進むため、いろんな教育の仕方があってよいと論じています。

この点と関連して、ミルは当時ヨーロッパでは家族を養えるだけの所得がないと婚姻を認めない法律を持つ国があったことに触れ、子育てをちゃんとできる保証がないのに結婚して子どもを生むことは、決して個人の自由に任せてよいことではないと主張して、次のように述べています。

「一個の人間存在をこの世に生み出すこと、それは人生のうちでもっとも責任を伴う行為である。この責任を引き受けること――親にとって災難にも祝福にもなりうるものに生命を授けること――は、生まれてくる子どもの人生が望ましいものになる見込み、少なくとも人並みになる見込みがないのであれば、まさしく子どもに対する犯罪である。」

（２５９〜２６０頁）

子どもが人並みに幸せになる見込みがないのに子どもを作ってしまうことは犯罪に等しい行為だということです。これは厳しい意見ですが、今日でも児童虐待や育児放棄が社会的問題になっていることを考えると、まったく不合理な主張とも言えません。いずれにせよ、現在でも、親になれる適切な能力のある人にだけ出産・子育てを認めるという「親のライセンス化」を主張している学者もいますので、出産や育児の自由に関してもよく考えてみる必要があるかと思います。

最後に、ミルは必ずしも個人の自由の規制とは関係ないのだが、と断った上で、政治ないし政治哲学的な話、すなわちミルが『代議政治論』という別の著作で論じる内容に関わる話をしています。それは官僚制の問題です。官僚制というのは大衆社会化と並んで一九世紀後半以降、大きく発達し、また議論の的になっていくものです。『自由論』の第五章の最後の方では、官僚制は社会を効率的に運営するのに役立つ一方で、人々や社会の自発性を抑圧する傾向があるから、なるべく政府は民間でできることに関しては口を挟むべきではないという、例えば福沢諭吉なども個人の独立というテーマで同じような主張をすることになる話題が論じられています。ここでは第五章の終わりの一節だけ引用しておきましょう。

「国家の価値とは、究極のところ、それを構成する一人一人の人間の価値に他ならない。だから、一人一人の人間が知的に成長することの利益を後回しにして、些細な業務における事務のスキルを、ほんの少し向上させること、あるいは、それなりに仕事をしているように見えることを優先する、そんな国家には未来がない。たとえ国民の幸福が目的だといっても、国民をもっと扱いやすい道具にしたてるために、一人一人を萎縮させてしまう国家は、やがて思い知るだろう。小さな人間には、けっして大きなことなどできるはずがないということを。すべてを犠牲にして国家のメカニズムを完成させても、それは結局なんの役にも立つまい。そういう国家は、マシーンが円滑に動くようにするために、一人一人の人間の活力を消し去ろうとするが、それは国家の活力そのものも失わせてしまうのである。」（275～276頁、黒丸による強調は原文）

十三、学生の意見

ここでは、『自由論』の主に第四章と第五章に関する学生の意見を紹介します。
まず、「不快感の扱いの難しさ」について。これは大変よいポイントだと思います。

「ミルの議論の中で重要なのは、感情による制裁を危険視する点である。ある人の行為が自分に不快感を与えるだけで直接の危害を加えない場合、その人に対して嫌悪感を持つのは当然のこととして認められる。しかし、その感情を理由にして行為者に制裁を科すことはできないとミルは言う。この論理には納得したが、実行に移すのは難しいと考えた。否定的な感情を切り離して客観的に判断するのは大人でも難しく、だからこそ、現代社会は様々な面で分断されてしまっているのだと思う。また、ミルは言論によって心が傷つけられる場合をあまり考えていなかったようだが、現代社会ではこのような事例が大きな問題となっている。他者が自分の「心」に危害を加えた場合、それは単なる不快感とどのように区別し得るのだろうか。」

たしかにこの不快感と心理的な危害をどう区別するかというのは線引きが難しいところがあります。とりわけ現代では、例えばセクハラなどは、言葉によるものでも、単なる不快感を超えて心に傷を与えてしまう、ということが考えられます。

ミル自身は、物理的に物が盗まれるだとか、物理的に身体を傷つけられるというのを危害の中心的事例と考えていたと思いますが、現在は心の傷ということが非常に強く言われます。そこで、「心が傷つくから規制してよい」という理屈が通るとすると、どこまでが人々の我慢すべき「不快」や「迷惑」で、どこからが「心理的な危害」かということが大きな問題になると思います。

とはいえ、やはり心理的な危害とは言い難い事例があることも確かです。例えば、すでに紹介しましたが、ある首相秘書官が、記者団の取材で同性婚について意見を聞かれて、同性婚制度を導入すると「社会が変わる」「隣に住んでいるのも嫌だ」「同性婚を認めたら国を捨てる人が出てくる」などと発言して、更迭されるというニュースがありました。もし、同性婚のカップルが隣に住んでいることによる「不快感」を理由に、結婚の自由を認めないとしたら、多数派が不快に感じる多くのことが許されなくなるでしょう。ミルであればこれは危害ではないので規制の理由にならないと主張すると思います。隣の家が一夫多妻を実施していても、おそらくミルは規制はできないと言うかもしれません。隣の家が延々と騒音を垂れ流していたらこれは危害と認めてよいと思いますが、どのような場合であれば心理的な危害であるがゆえに禁止することが認められるのかについて、さらなる議論が必要です。

次は、ある大学の文化祭で酒類の提供が禁止されたことについてです。

「自由をどこまで尊重するか考える時、危害が発生する確率、その危害の程度、そして自由を尊重した場合のメリット、この三つを総合的に考えて判断するというのが現実的だ。そう考えると、〇〇大学の文化祭での飲酒が実現しなかったのは、そのメリットが大学当局側に伝わらなかったからではないかと思う。ただ学生が楽しめるから、ではなく、〇〇大学で自由を尊重することの社会的意義や利益をもっと伝えられれば良かったのかもしれない。」

文化祭の飲酒で急性アルコール中毒患者が発生した場合、救急搬送する救急車のスタッフや、大学病院や近隣の病院の救急外来の医療関係者としては、ただでさえ忙しいのに、文化祭の時期になると酔っ払いが運び込まれてきて困るというのはよくわかります。しかも、未成年だと目も当てられない。これもよくわかります。

とはいえ、急性アルコール中毒で直接危害が加わるのは当人で、他者危害が問題になる飲酒運転の場合と異なります。仮に救急車や救急外来の待ち時間が長くなって間接的に他人の利益を損なうとしても、それは「見なし損害（constructive injury）」と呼ぶべきものだとミルは言います。この見なし損害についてはミルは『自由論』の中で十分に説明していないのですが、「社会に対して果たすべき義務を怠ったわけでもなく、自分以外の特定の個人に実質的な損害をもたらしたわけでもないのに、その人の行為がたまたま社会に迷惑を与えた場合」（199～200頁）と特徴づけています（本講七を参照）。

このような場合、「社会はこの迷惑を、人間の自由というもっと大きな善のために、甘んじて受け入れることができるはず」だ（200頁）、というのがミルの主張です。先ほどの学生の指摘にあるように、文化祭で飲酒を認めた場合の不利益があることは認めた上で、学生の自由を尊重することはそれを上回る価値があることを強調すべきなのかもしれません。もちろん、文化祭の実行委員会も文化祭期間中の飲酒のあり方について十分に検討して適切な広報や啓発活動を行うべきでしょう。

次にいきましょう。現代社会はミルの時代よりも多様性があるのではないか、という意見です。

「多くの人が似たような趣味嗜好を持つようになっていっている、というミルの意見には賛成する。しかし、現代においては別の意味での多様性が花開きつつあるのではないか。例えば、女性の社会的地位が向上し、社会のさまざまな場面で男女がともに働くことが増えた（まだ課題はたくさんあるが）。また、性的少数者の方も社会に受け入れられてきており、より「自分らしく」生きやすい社会になっていると思う。さらに、インターネットの発達により、地域間格差も以前より小さくなっている。地元にいながらほとんど全世界の人々に自分の考えや作品を発信できるようになり、東京などの大都市に進出しなくとも「才能」が見出される可能性が高まった。その意味では、現代はミルの生きていた時代よりはるかに多様性に富んでいると言えるだろう。」

たしかにインターネットの普及などはミルの時代にはなかった重要な変化だと思います。ただ、それによって多様性が増しているかというと、賛否両方の議論がありうると思います。ミル自身がどんなことを考えていたかというと、ミルの時代は産業革命が進展し、またインドを始めとしてイギリスが多くの植民地を領有していた時代でしたが、ミルはこのような発展によってむしろ人々の境遇の多様性が失われ、画一化が進むと考えていました。すでに引用したように、ミルは次のように述べていました。

「交通手段の進歩がこの〔画一化の〕傾向を促進している。なぜなら、互いに遠く離れたところに住む人々同士が交流できるようになるし、ある地域から他の地域へ移り住むのも迅速簡単にできるようになるからである。

商工業の発達がこの傾向を促進している。なぜなら、安楽な生活の良さがますます広くゆきわたり、最高の地位を目指しての競争さえ一般参加が可能となるために、上昇志向の欲望が、もはや特定の階級だけでなく、すべての階級の性格となるからである。」

（178頁）

ミルは人々の個性の発展のために重要なものとして境遇の多様性と自由の二つがあると述べていましたが、広い意味での近代化によって境遇の多様性が失われつつあると考えていました。日本でも、どの県を訪ねても同じショッピングモールやコンビニがあり、またインターネットの普及もあって、地方に住む人にとっての不便は減ったかもしれませんが、その分画一化が進んでいるのかもしれません。その一方で、この学生が述べているように、性的少数者の権利が保障されることなどにより、生き方の多様性が広がっているとも考えられます。どうしたら社会においてこうした自由や多様性をもっと広げることができるか、考えてみてもらえたらと思います。

また、ミルが個人や社会の進歩を信じすぎていないかという意見もありました。

「ミルの議論は明快で基本的には賛成できました。ただ、全体の議論が、人間はより良い方向へと進歩していくという前提に立っているように思えて、そこが気になりました。この社会全体で見ても個人単位で見ても、この前提には議論の余地があると思いました。この前提は、ミルの言う未開の社会や子どもに対する軽視をもたらしてしまうように感じます。ある段階を経験して次の段階に移った文明や個人が、それを経験する前のものより優れているということは、必ずしも言えないのではないでしょうか。」

たしかにミルは、社会が人々の自由を最大限に認めれば、人間や社会はもっと発展することができると考えていたと思います。ですが、必ずそうなるはずだ、とは思っておらず、むしろ『自由論』では、このままの調子でいくと、イギリスでは人々の画一化が進み、社会が停滞してしまうのではないかと心配していたように思います。また、ミルは『代議政治論』の中で、次のような印象的な発言をしています。

「人生は堕落の原因に対する不断の闘争である。（……）人間と人間の仕事の本来の傾向は、堕落に向かうことである。（……）現代のたいていの人々は（……）ものごとの傾向は全体として改善に向かっていると信じているのであるが、われわれは人生には悪に向かう絶えることのない流れがあることを忘れてはならない。[61]」

先に官僚制の話をしましたが、官僚制についてもミルは、優秀な官僚が揃っていてもやがてルーティンワークになって堕落する恐れがあるから、いかに官僚制が堕落しないシステムを作るかが課題だ、ということを述べています。少し引用してみましょう。

「官僚組織は、役人たちを束ねて――組織である以上当然であるが、固定的な規則にほぼ従って――運営される。その結果、ルーティンワークをだらだらとやっていればいい、という堕落への誘惑をつねに受ける。あるいは、臼《うす》をひく馬のような堂々巡りからときどき外れる場合には、組織内のリーダー格の誰かが思いついた粗雑なアイデアに飛びつく冒険への誘惑にさらされる。正反対のように見えながら、じつは密接に結びついているこの二つの誘惑に対する唯一の防止策、そして官僚集団の能力を高水準のまま保たせる唯一の刺激策、それは、官僚組織の外部にいて、官僚に負けないぐらい高い能力をもった人々による監視と批判である。

したがって、政府とは別のところで、そうした能力が育成され、重要な実際問題を正しく判断するのに必要な経験とその機会が与えられる手立てを、ぜひとも講じておかなければならない。有能で効率的な官僚組織――とりわけ、進歩を生み出すことができ、また、進歩を取り入れようとする官僚組織――をいつまでも保持するには、どうすべきか。官僚組織を杓子定規《しやくしじようぎ》な、お役所仕事に堕落させないためには、どうすべきか。そのためには、統治に必要な能力を作り育てるすべての職業が、官僚組織に取り込まれないようにしなければならない。」（２７０〜２７１頁）

他の組織と同様、優れた官僚組織でさえ、やがて堕落してしまう可能性がある、というのがミルの指摘です。官僚制度に関しては、ミルは官僚に負けないぐらい優秀な人々が外部にいて、監視と批判を行うことが重要だとしています。官僚制度に限らず、どうしたら長く活気を保つ社会が作れるか、みなで考える必要がありそうです。

次ですが、自由の学風を掲げる京大以上に自分の高校の方が変人が多かったという意見はすでに紹介しましたが、それと関連する意見をもう一つ紹介しておきたいと思います。

「京大に来てから友人と話しているときに、自分や周りの人が変わっているか普通かといった話題になることがあった。私は目立ちたいタイプではなく、周りと同じように「普通」にふるまおうとしていたつもりだったが、その中で、自分も「お前も変わってるよな」と言われたことが意外だった。変わっているかどうかと考え始めたら全員変わっているような気がして、普通とは何なのかわからないなと思うようになった。普通とは多くの人と同じであることだと思うが、それぞれ違っている部分（＝個性）はあるはずなのでそう考えると全員変わっているのかもしれないと思った。また、自分は変わっていると思われることにあまりいいイメージはなかったが、ミルの考えに触れて、逆に、普通の人と思われるほうが特筆すべき個性のない人と思われているようで、マイナスなように感じるようになった。」

先にも述べましたが、「人と違っていることは、道徳的に悪いことだ」という「普通規範」は、見えない仕方で我々の生き方を窮屈にしていると思うので、ぜひ変人と見なされることに引け目を感じないで生きてもらえたらと思います。

この「普通規範」について、もう少し学生のコメントを紹介します。

「確かに、現代は「普通」を追求する社会であると思う。かくいう私自身、旅行をしていても、「普通」ここだろう、というお店に行き、「普通」これ、というメニューを選び、

「普通」ここで写真を撮る、というスポットで写真を撮って帰ってきてしまう。しかし、そのことに違和感を覚えたことはない。それが「普通」だからである。このように考えると、現代人は「普通」を無理に追求しているわけではないのかもしれない。それでも、多くの人が意識せずとも取ってしまうのが、「普通」と呼ばれる行動なのである。だからこそ「普通」には、そこに当てはまらない人を排除してしまう恐ろしさがあるのかもしれないと思った。」

これは「普通規範」が深く内面化しているため、自分でもそれが当たり前すぎて気付かないぐらいだということですね。次の意見は、じゃあこの「普通規範」をどうしたらよいのだろうか、という意見です。

「ミルの個性を尊重した主張は、非常に納得できる内容だった。現代人の多くも「普通である」ことに囚われているように思う。では、ミルが理想とするような社会はどう実現していけばいいのだろう。学校教育の現場では昨今「個性を尊重した教育」が叫ばれているが、生徒の個性が飛躍的に伸びたかというとそうでもないと思う。結局、採点システムや内申点によって、「普通」に良い子が評価されているように感じる。個性の発展を妨げる要因として、授業でも扱ったように「普通」でいたいという心理があるのではないか。そしてこの心理は、異端が過剰に批判され得るＳＮＳの発展とともに拡大しているように思う。このような同調圧力や心理から自由になるのは難しいだろう。ミルは、具体的にどうすべきと考えていたのか知りたくなった。」

ミルは人々の境遇の多様性はどんどん縮小しているので、個人の自由を最大限尊重しないといけないと考えていました。それが他者に危害を加えない限り、個人は原則自由に発言したり行為したりできるという他者危害原則です。また、『自由論』第三章にあったように、人々が個性の価値を理解することも重要だと考えていました。天才をたくさん輩出する社会であるためには、個性的な変人も許容する寛容な社会が必要だということです。また、義務教育は実施すべきだが、多様性の確保の視点から、公立だけでなくさまざまな教育のあり方が望ましいと考えていました。

それと関連して、最近、タレントの黒柳徹子さんの『窓ぎわのトットちゃん』を読み直す機会がありました。アニメ映画も上映されたのでそれも見に行きましたが、面白かったです。

黒柳徹子さんの話は太平洋戦争の戦前・戦中の話ですけども、子どもの個性を抑圧せずに教育するにはどうすればよいのかという、ミルの『自由論』と同じような問題意識を持って自身の幼少期を振り返っています。

トットちゃん（黒柳徹子さんの小さい頃の愛称）は、公立小学校の先生に「普通の子どもではない」と言われて転校を余儀なくされます。実際のところ、他の子どものように大人しくはしていられない、かなり変わった子だったようです。それで、東京の自由ヶ丘にあるトモエ学園というフリースクールに入ると、そこでは自分の個性がありのままに認められて嬉しかったという話をしています。校長先生の「君は、本当はいい子なんだよ」、というセリフは泣けますよね。[62]「他の人と違うことは、道徳的に悪いことだ」という「普通規範」に苦しむ子どもは、今も少なからずいると思います。

＊＊＊

最後にまとめておきましょう。産業社会化と大衆社会化が並行して進む一九世紀半ばのイギリス社会において、ミルは「多数者の専制」の危険を指摘し、これによって市民が平凡化し、どんどん「普通」になっていくという状況に警鐘を鳴らしました。そして、人々の画一化を防ぎ、個性のある人々が活躍できる社会であるためには、各人の自由を最大限に尊重する必要があると考えました。もちろん、自由には限度があり、ミルは線引きのために「他人に危害を加えない限り、個人は自由に行為してよい」という他者危害原則を主張しました。

本書で見てきたように、危害とは何かとか、自分にしか関係しない行為はあるのかなどの理論的に検討すべき課題も多々あります。とはいえ、全体としてこのようなミルの理想に共感する人は、どうしたら各人の個性を抑圧する停滞した社会ではなく、各人の個性を開花させ活力のある社会を作ることができるか、ぜひ一緒に考えてみてもらえたらと思います。

あとがき

ミルの『自由論』を真面目に読んだのは大学院に入ってからでした。学部生の頃、第一講の冒頭でも触れた加藤尚武先生の講義に出ました。加藤先生は『現代倫理学入門』（正確には、その前身にあたる『倫理学の基礎』という放送大学の教科書）を用いて講義をしていました。私が最初にミルの他者危害原則の発想を学んだのは、この講義を通じてでした。

「「許容できるエゴイズムの限度を決めること」が、倫理学の課題である」という加藤先生の問題設定は、他の倫理学の教科書にある「人はどう生きるべきか」とか「人間とは何か」といった、深遠ですが掴《つか》みどころのない問いに比べて、ずっと具体的で議論しやすいもののように思われました。

ドイツやフランスの哲学の影響が大きい日本の哲学科では、近年までミルの『自由論』が真剣に研究されることは少なかったと言えます。高校倫理の教科書でも、ミルの『自由論』

が明治維新のときに『自由之理』の題で翻訳されたことや、他者危害原則が紹介されることはあっても、現代社会でも問題になりうる多数者の専制の問題と結びつけて説明されることはあまりないように思われます。

一方、一九六〇年代以降、英米を中心に生命倫理学の分野が発展してきます。これは、生命科学や医学の新しい発展がもたらす倫理的問題を哲学的に検討する領域です。すると、ミルの『自由論』における他者危害原則が、新しい科学技術の法規制を考える上で避けて通れない、最も中心的な原則として重視されるようになりました。その流れで、日本でも『自由論』の重要性が見直されるようになったと言えるでしょう。とはいえ、この場合でも、多数者の専制や個性の抑圧の問題はあまり重視されてきませんでした。

現在、私は京都大学の学部生向けの講義で『自由論』を読んでいます。改めて読んでみてとくに面白いと思い、学生の反応もよいのは第三章の個性の議論です。自由にしろ個性にしろ、抽象的に考えるとぼんやりとしたモノクロのイメージでしか捉えられませんが、現代社会に根を張っている「普通規範」と結びつけて考えると、フルカラーでビビッドな問題として立ち現れるように思います。そのため本書では、他者危害原則と並んで、これまであまり倫理学で主題化されることのなかった普通規範の問題について紙幅を割いています。

もうだいぶ記憶が薄れていますが、自分自身のことを振り返ってみても、とくに十代の頃には普通規範に苦しめられていました。「早く人間になりたい」と言っていた妖怪人間ベムではないですが、「早く普通になりたい」と考えていたように思います。普通を目指すのではなく、自分の好きなことをすればよいのだということに気付いたのは、高校時代に経験した一年間のアメリカ留学を通じてでした。

私の子どもは小学校一年生に上がったとたんに、「普通がいい」と言い出し、はみ出すことを忌避する普通規範に染まったように思います。二年生のときに家族で一年間イギリスに滞在し、ピアスを付けるのも化粧をするのも自由という、日本の基準からするとまさにアナーキー・イン・ザ・UKとも言うべき公立小学校に通ったことで、しばらく普通規範から解放されていたようです。しかし、日本に戻ってきてしばらくすると、また元に戻ったようにも思います。本書で紹介した新聞記事や学生の意見も合わせて考えると、個性を大事にして多くの変人と少数の天才を生み出す社会を作るには、日本の学校教育のあり方を根本的に見直す必要があるのかもしれません。

ミルの『自由論』に関しては、「個性的で優れた少数者が、凡庸な多数者を引っぱっていくというエリート主義だ」という批判があります。しかし、私の講義では、この批判はほとんど出てきませんでした。その理由を考えるに、京都大学の学生がエリートの一部だから、そういう自己批判は出にくかったのかもしれません。あるいは、もしかすると、私がとくに『自由論』の第三章について、普通規範の問題を強調して説明したからかもしれません。私の読み方があからさまな誤読であるとは思いませんが、意図的に現代日本の話に引き付けて説明したので、少し偏った解説になっている可能性もあります。ぜひ皆さんもご自身で『自由論』を読んで、改めて考えてみてもらえたらと思います。

また、本書では普通規範の問題に重点を置いて説明しましたが、ミルの『自由論』の魅力はそれに尽きるものではありません。その他にも、多数者の専制、他者危害原則、パターナリズム、半真理、悪魔の代弁者、人生の実験、天才と変人、愚行権、モラリティとプルーデンス、またミルと妻のハリエットの関係など、記憶に残るキーワードが多く含まれています。

古典と呼ばれる著作の面白さは、何度読んでも新たな発見があるところです。ミルの『自由論』は彼が妻と協力しながら丹念に書き上げた著作であり、読者も時間をかけて読む価値があると思います。日々の生活で忙しい皆さんも、ぜひ手に取ってゆっくり読んでいただければ幸いです。

本書で参考にした文献は巻末注に示しました。それ以外で参考になるものを以下に挙げておきます。関口正司訳による『自由論』（岩波文庫、二〇二〇年）の解説、光文社古典新訳文庫の仲正昌樹氏による解説、レベッカ・バクストン／リサ・ホワイティング編『哲学の女王たち——もうひとつの思想史入門』（向井和美訳、晶文社、二〇二一年）の「ハリエット・テイラー・ミル」の項目などです。また、ミルの『自由論』を本格的に研究したい人は、若松良樹『醜い自由——ミル『自由論』を読む』（成文堂、二〇二一年）や、注でも紹介したジョン・グレイ／G・W・スミス編『ミル『自由論』再読』（泉谷周三郎・大久保正健訳、木鐸社、二〇〇〇年）あたりから始めるとよいでしょう。

最後に謝辞を述べておきます。本書は光文社の編集者の永林あや子氏のお誘いで書くことになりました。平たい訳で古典を次々と刊行している光文社古典新訳文庫は一定の人気があるけれど、古典と呼ばれるジャンルの本を手に取る人が少ないと伺い、ちょうど大学の講義で『自由論』を扱っていたこともあり、古典の解説的な入門書を書くとよいのではないか、ということで話がまとまりました。永林氏には草稿に有益なコメントをいろいろ付けてもらい、大変お世話になりました。また、私の文学部での講義に出席してオンラインの掲示板に毎回コメントを書いてくれた学生たちにも感謝します。西山香帆氏には、『自由論』の引用チェックや、文献注の作成に協力してもらいました。そして、石川涼子、林和雄、鈴木英仁、森田初音の各氏には、初稿の段階で全体を読んで貴重なコメントをいただきました。とくにミル研究者の林和雄氏には、内容だけでなく表現についても数多くの貴重な指摘をいただきました。記して感謝します。

注

1 ミルの『自由論』が明治以降の近代日本に与えた影響については、『世界の名著（49）ベンサム／J・S・ミル』（中央公論社、1979年）の関嘉彦による解説、およびJ・S・ミルの『大学教育について』（岩波文庫、2011年）の竹内洋による解説が参考になる。また、中村正直の評伝は星新一の『明治の人物誌』（新潮文庫、1998年）が面白い。

2 加藤尚武『現代倫理学入門』（講談社学術文庫、1997年）、5頁。

3 同、57頁。

4 功利主義について詳しくは下記を見よ。児玉聡『功利主義入門』（ちくま新書、2012年）

5 J・S・ミル『ミル自伝』（朱牟田夏雄訳、岩波文庫、1960年）、120頁。

6 J・S・ミル『大学教育について』（竹内一誠訳、岩波文庫2011年）

7 J・S・ミル『大学教育について』、124－125頁。

8 関嘉彦「ベンサムとミルの社会思想」『世界の名著（49）ベンサム／J・S・ミル』、42頁。

9 Nicholas Capaldi, *John Stuart Mill: A Biography*, Cambridge University Press, 2004, p. 82.

10 関嘉彦「ベンサムとミルの社会思想」42頁。

11 Capaldi, *John Stuart Mill: A Biography*, p. 82.

12 関嘉彦「ベンサムとミルの社会思想」42－43頁

13 Capaldi, *John Stuart Mill: A Biography*, p. 107. なお、ハリエット・テイラーの著作集を編纂しているジェイコブズの説では、ハリエットは最初の夫のジョン・テイラーから梅毒をうつされ、それが原因で、二人は不仲となり、ミルとも性交渉が持てなかったとされる。梅毒は当時、主に売買春によって広まっていた性病だったため、ハリエットが感染した事実を公表することはなかったが、ジェイコブズは、彼女の手紙のやりとりから梅毒であった可能性が高いとし、後年、ハリエットの手足に麻痺が出たのも梅毒が進行していたせいだとしている。Jo Ellen Jacobs, *The Voice of Harriat Taylor Mill*, Indiana University Press, 2002.

14 関嘉彦「ベンサムとミルの社会思想」43頁。
15 Capaldi, *John Stuart Mill: A Biography*, pp. 116-117.
16 J・S・ミル『ミル自伝』２０９頁。
17 同。
18 J・S・ミル『ミル自伝』２１７-２１８頁。
19 同、２１８頁。
20 同。
21 同。
22 イギリスの同性愛行為の非犯罪化の議論について、詳しくは下記を参照。児玉聡『功利と直観』（勁草書房、２０１０年）、第八章。
23 注22を参照。
24 J・S・ミル『ミル自伝』２２０頁。
25 同、２１９頁。
26 Schmidt-Petri C, Schefczyk M, Osburg L (2022). Who Authored On Liberty? Stylometric Evidence on Harriet Taylor Mill's Contribution. *Utilitas*, 34, 120–138.
27 「トランスジェンダーに関する翻訳本 KADOKAWA が刊行中止」朝日新聞２０２４年３月29日朝刊。引用は田代亜紀・専修大法科大学院教授（憲法学）。
28 なお、その後、産経新聞出版が２０２４年４月に翻訳書を出版することになった。「邦題は『トランスジェンダーになりたい少女たち』 ４月３日発売決定　出版社には賛否の声」産経新聞２０２４年３月19日 https://www.sankei.com/article/20240319-KGJ7UGHRHFAMHBYVHZBMOYBU5Q/（２０２４年11月18日最終アクセス）
29 『チ。―地球の運動について―』魚豊著、小学館。

30 正式名称は「信仰の擁護者（*promotor fidei*）」であり、「悪魔の代弁者」は俗称である。列聖のプロセスに時間がかかりすぎることが一因となり、１９８３年にローマ教皇ヨハネ・パウロ2世がこの役職の権限を縮小した。そのため、今も「信仰の擁護者」の役職は存続しているが、「悪魔の代弁者」とは呼ばれなくなった。

31 ニーチェの見解については『善悪の彼岸』や『道徳の系譜学』を参照（いずれも光文社古典新訳文庫で読める）。なお、ミルとニーチェの類似性は必ずしも偶然ではない。ニーチェがミルの『自由論』をしっかり読んでおり、ミルから影響を受けている可能性がある点については、下記の論文を参照。Schuster, Soren E., 'On Liberty as a (Re-)Source for Nietzsche: Tracing John Stuart Mill in on the Genealogy of Morality', *Nietzsche-Studien*, 52 (2022), 348-364.

32 Ｊ・Ｓ・ミル『ミル自伝』２１０-２１１頁。

33 「「私だったら死ぬ」投稿はヘイトスピーチ　立岩教授に聞く　ＡＬＳ「安楽死」事件」京都新聞２０２０年８月23日オンライン。

34 法務省ＨＰ「ヘイトスピーチ、許さない。」https://www.moj.go.jp/JINKEN/jinken04_00108.html（２０２４年11月18日最終アクセス）

なお、ヘイトスピーチについては、国際連合広報センターの解説がわかりやすいので、そちらも参照。https://www.unic.or.jp/news_press/features_backgrounders/48162/（２０２４年11月18日最終アクセス）

35 アイザイア・バーリン「Ｊ・Ｓ・ミルと生活の諸目的」、ジョン・グレイ／Ｇ・Ｗ・スミス編著『ミル「自由論」再読』（泉谷周三郎・大久保正健訳、木鐸社、２０００年）、62-63頁。

36 Alexander Bain, *John Stuart Mill: A Criticism with Personal Recollections*, London: Longmans, Green, and Co., 1882, Ch. 5.（Ａ・ベイン『Ｊ・Ｓ・ミル評伝』山下重一・矢島杜夫訳、御茶の水書房、１９９３年）

37 「大阪市ヘイトスピーチへの対処に関する条例」でヘイトスピーチに認定した表現の例
https://www.city.osaka.lg.jp/shimin/page/0000339042.html（２０２４年11月18日最終アクセス）

38 「子どもＴｏｄａｙ」第２部　フツーって何？（３）そのままの自分（連載）朝日新聞１９９９年２月18日
39 「子どもＴｏｄａｙ」第２部　フツーって何？（６）いじめ恐れ没個性（連載）朝日新聞１９９９年２月23日
40 荻上チキ『いじめを生む教室：子どもを守るために知っておきたいデータと知識』（ＰＨＰ研究所、２０１８年）第７章。
41 詳しくはサルトルの『実存主義とは何か』（人文書院、１９９６年）参照。
42 注31を参照。なお、「おしまいの人間」（最後の人間とも訳される）については、ニーチェ『ツァラトゥストラはこう言った』（氷上英広訳、岩波文庫、１９６７年）序説の５を参照。
43 「ＩＱ１５４　小学校が苦しくて」朝日新聞２０２２年８月30日。
44 「京大変人講座オンライン」https://kyodai-original.socialcast.jp/contents/category/henjin-online（２０２４年11月18日最終アクセス）
なお、２０２３年には「変人學会」という学会もできたとのこと。https://henjin-society.studio.site/（２０２４年11月18日最終アクセス）
45 Ｊ・Ｓ・ミル『大学教育について』１０６頁。
46 ただし、フンボルト自身がフンボルト理念を定式化したかについては論争がある。詳しくは以下の訳書の第三部解説を参照。フンボルト『国家活動の限界』（西村稔編訳、京都大学学術出版会、２０１９年）。
47 「百万遍交差点にこたつ、京大院生の男ら３人に罰金４万５千円　京都簡裁」京都新聞２０１８年10月29日 https://www.kyoto-np.co.jp/articles/-/5116（２０２４年11月18日最終アクセス）
48 朝日新聞２０１７年２月２日朝刊より。
49 『女性の隷従』は『自由論』が出版された２年後の１８６１年にはほぼ完成していたが、男女同権の主張は論争を呼ぶ内容であったため、慎重を期してようやく１８６９年に出版された（Ｊ・Ｓ・ミル『ミル自伝』２３０頁）。なお、入手可能な邦訳では『女性の解放』というタイトルが付いている（Ｊ・Ｓ・ミル『女性の解放』大内兵衛・大内節子訳、岩波文庫、１９５７年）。

50 Ｊ・Ｓ・ミル『女性の解放』62–63頁．

51 内閣府の「家族の法制に関する世論調査」で、こうしたよくある論点が記されている。https://survey.gov-online.go.jp/r03/r03-kazoku/2-2.html（２０２４年11月18日最終アクセス）

52 加藤尚武『現代倫理学入門』１７７頁以降。

53 自殺や安楽死が自由主義においてどのように論じられるかについては、山田卓生『私事と自己決定』（日本評論社１９８７年、第13章、第14章）や児玉聡『実践・倫理学』（勁草書房、２０２０年、第４章）を参照。

54 自殺をめぐる現代の諸問題については、児玉聡『予防の倫理学』（ミネルヴァ書房、２０２３年）１１２頁以下を参照。

55 「更迭の荒井首相秘書官「同性婚、社会変わる」発言要旨と詳報」毎日新聞２０２３年２月４日 https://mainichi.jp/articles/20230204/k00/00m/010/170000c（２０２４年11月18日最終アクセス）

56 一夫多妻制をめぐる現代の議論についてはエリザベス・ブレイク（著）／久保田裕之（監訳）『最小の結婚』（白澤社、２０１９年）を参照。結婚制度一般に関する議論については、山田八千子編著『法律婚って変じゃない？—結婚の法と哲学』（信山社、２０２４年）も参照のこと。

57 ミルは『経済学原理』（初版１８４８年）という別の著作で、経済活動における個人の自由と政府の統制の関係について考察している。

58 ロックの見解については『完訳 統治二論』（ジョン・ロック（著）／加藤節（訳）、岩波文庫、２０１０年）の後篇第４章23節、３２１頁。他にも例えばヘーゲルが『法哲学』で論じている。加藤尚武『ヘーゲルの「法」哲学』（青土社、１９９９年、第三章、第四章）を参照。

59 瀧川裕英編『もっと問いかける法哲学』（法律文化社、２０２４年）に奴隷契約は有効かという章があるので、このトピックに関心のある読者は参照を勧める。

60 注55参照。

61 J・S・ミル『代議政治論』、『ベンサム／J・S・ミル』中央公論社、372頁。
62 黒柳徹子『窓ぎわのトットちゃん』（講談社文庫、1984年）（190頁、257‐258頁）。

児玉聡（こだまさとし）
1974年大阪府生まれ。京都大学大学院文学研究科博士課程研究指導認定退学。博士（文学）。現在、京都大学大学院文学研究科教授。専門は倫理学。著書に『功利と直観　英米倫理思想史入門』（勁草書房）、『功利主義入門　はじめての倫理学』（ちくま新書）、『実践・倫理学　現代の問題を考えるために』（勁草書房）、『オックスフォード哲学者奇行』（明石書店）、『COVID-19の倫理学　パンデミック以後の公衆衛生』（ナカニシヤ出版）、『予防の倫理学　事故・病気・犯罪・災害の対策を哲学する』（ミネルヴァ書房）など。

哲学古典授業《てつがくこてんじゅぎょう》
ミル『自由論《じゆうろん》』の歩《ある》き方《かた》

2024年12月30日初版1刷発行

著　者 ── 児玉聡
発行者 ── 三宅貴久
装　幀 ── アラン・チャン
印刷所 ── 萩原印刷
製本所 ── ナショナル製本
発行所 ── 株式会社光文社
東京都文京区音羽1-16-6(〒112-8011)
https://www.kobunsha.com/
電　話 ── 編集部03(5395)8289　書籍販売部03(5395)8116
制作部03(5395)8125
メール ── sinsyo@kobunsha.com

 ISBN 978-4-334-10508-2

光文社新書

1317
「ふつうの暮らし」を美学する
家から考える「日常美学」入門
青田麻未

家の中の日常に「美」はあるか？　椅子、掃除、料理、地元、ルーティーンを例に、若手美学者が冴えわたる感性で切り込む。「美学」の中でも新しい学問領域、「日常美学」初の入門書。

978-4-334-10353-8

1318
フランス　26の街の物語
池上英洋

フランスの魅力は豊かな個性をもつそれぞれの街にある――。美術史家が、人、芸術、歴史、世界遺産の観点から厳選した26の街を訪ね歩き、この国がもつ重層性と多面性を、新視点で綴る。

978-4-334-10354-5

1319
等身大の定年後
お金・働き方・生きがい
奥田祥子

再雇用、転職、フリーランス、NPO法人などでの社会貢献活動、そして管理職経験者のロールモデルに乏しい女性の定年後に焦点をあて、あるがままの〈等身大〉の定年後を浮き彫りにする。

978-4-334-10375-0

1320
日本の政策はなぜ機能しないのか？
EBPM《エビデンスに基づく政策》の導入と課題
杉谷和哉

データやファクトに基づき政策を作り、適切に評価する。当たり前のことのようで、これが難しい。その背景を公共政策学の知見から分析し、「政策の合理化」を機能させる条件を考える。

978-4-334-10376-7

1321
日本の古代とは何か
最新研究でわかった奈良時代と平安時代の実像
有富純也 編　磐下徹
十川陽一
黒須友里江
手嶋大侑　小塩慶

国家や地方は誰がどう支配していたのか？　藤原氏は権力者だったのか？「唐風文化から国風文化へ」は本当？　受領は本当に悪吏だったのか？…気鋭の研究者らが新たな国家像に迫る。

978-4-334-10377-4

1322
名画の力
宮下規久朗

名画の力とは、現場で作品に向き合ったときこそ発揮されるものなのだ──。伝統の力から現代美術、美術館まで。七つのテーマで美術の魅力をより深く味わう極上の美術史エッセイ。

978-4-334-10378-1

1323
旧統一教会 大江益夫・元広報部長懺悔録
樋田毅

この世に真実を語り残しておきたい──。その生い立ちから六〇年近く過ごした旧統一教会での日々、そして病を患ってからの心境の変化まで、元広報部長による人生をかけた懺悔。

978-4-334-10397-2

1324
定年いたしません！
「ジョブ型」時代の生き方・稼ぎ方
梅森浩一

「終身雇用」崩壊の時代、考えておくべき定年前後のライフプラン。自身が定年を迎えた人事のプロが、現実を前に、ジョブ型転職や給与、65歳からの就活について余すところなく解説！

978-4-334-10398-9

1325
なぜ地方女子は東大を目指さないのか
江森百花　川崎莉音

資格取得を重視し、自己評価が低く、浪人を避ける──。地方と女性という二つの属性がいかに進学における壁となっているのか。現役東大女子学生による緻密な調査・分析と提言。

978-4-334-10399-6

1326
しっぽ学
東島沙弥佳

ヒトはどのようにしてしっぽを失った？　しっぽにどんな思いを馳せてきた？　しっぽを知って、ひとを知る──。文理を越えて研究を続けるしっぽ博士が、魅惑のしっぽワールドにご案内！

978-4-334-10400-9

光文社新書

1327
人生は心の持ち方で変えられる？
〈自己啓発文化〉の深層を解く
真鍋厚

成長と成功を目指す「足し算型」に、頑張ることなく幸福を得ようとする「引き算型」。日本人は自己啓発に何を求めてきたか？「より良い人生を切り拓こうとする思想」の一六〇年を分析する。

978-4-334-10422-1

1328
遊牧民、はじめました。
モンゴル大草原の掟
相馬拓也

150㎞にも及ぶ遊牧、マイナス40℃の冬、家畜という懐事情を近所に曝け出しての生活――。モンゴル大草原に生きる遊牧民の暮らしを自ら体験した研究者が赤裸々に綴る遊牧奮闘記！

978-4-334-10423-8

1329
漫画のカリスマ
白土三平、つげ義春、吾妻ひでお、諸星大二郎
長山靖生

個性的な作品を描き続け、今も熱狂的なファンを持つ四人。後続の漫画家（志望者）たちを惹き付け、次世代の表現を形作ってきた。作品と生涯を通し昭和戦後からの精神史を読み解く。

978-4-334-10424-5

1330
ロジカル男飯
樋口直哉

ラーメン・豚丼・ステーキ・唐揚げ・握りずしなど、万人に好まれる料理を、極限までおいしくするレシピを追求！　料理に対する考えを一変させる、クリエイティブなレシピ集。

978-4-334-10425-2

1331
現代人のための読書入門
本を読むとはどういうことか
印南敦史

「本が売れない」「読書人口の減少」といった文言が飛び交う現代社会。だが、いま目を向けるべきは別のところにあるのかもしれない――。人気の書評家が問いなおす「読書の原点」。

978-4-334-10444-3

1332
長寿期リスク
「元気高齢者」の未来
春日キスヨ

人生百年時代というが、長寿期在宅高齢者の生活は実は困難に満ちている。なぜ助けを求めないのか？ 今後増える超高齢夫婦二人暮らしの深刻な問題とは？ 長年の聞き取りを元に報告。

978-4-334-10445-0

1333
日本の指揮者とオーケストラ
小澤征爾とクラシック音楽地図
本間ひろむ

「指揮者のマジック」はどこから生まれるのか――。明治時代以降の黎明期から新世代の指揮者まで、それぞれの個性が炸裂する、指揮者とオーケストラの歩みと魅力に迫った一冊。

978-4-334-10446-7

1334
世界夜景紀行
丸田あつし
丸々もとお

夜景をめぐる果てしなき世界の旅へ――。世界114都市、602点収録。ヨーロッパから中東、南北アメリカ、アジア、アフリカまで。夜景写真&評論の第一人者が挑んだ珠玉の情景。

978-4-334-10447-4

1336
つくられる子どもの性差
「女脳」「男脳」は存在しない
森口佑介

男児は生まれつき落ち着きがない、女児は発達が早い――子どもの特徴の要因を性別に求めがちな大人の態度をデータで一刀両断。心理学・神経科学で「性差」の思い込みを解く。

978-4-334-10474-0

1337
ゴッホは星空に何を見たか
谷口義明

《ひまわり》や《自画像》などで知られるポスト印象派の画家・ゴッホ。彼は星空に何を見たのか？ どんな星空が好きだったのか？ 天文学者がゴッホの絵に隠された謎を多角的に検証。

978-4-334-10475-7